国際比較とJ-REIT版M&Aルールの提言

不動産会社と REITのM&A

  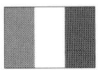

石田 尚己 著

はじめに

　本稿執筆は、2008年に総務部長として勤務していた東証1部上場の総合不動産会社の買収防衛策の設計・導入・廃止について、実務責任者として関与したことがきっかけです。特に、子会社にREIT運用会社を有していたため、REITの買収防衛策とはどのようなものかという疑問を持つようになりました。そして、J-REITの買収防衛策について論文や著書を探しましたが、全く存在しないことに気がつきました。最初は、金融法や信託法からアプローチを試みたのですが、答えが導き出せず、挫折しそうになりました。そんなとき、なんとなく購入した米国の著書により、会社法からアプローチをすればよいことが分かりました。すると、公式を使ったときのようにすべての謎が解けたのです。米国を一通り調べ尽くすと、次は英国、次はフランスという具合に、次々と疑問が生じて、いつの間にか5カ国を調べてしまいました。また、一般の株式会社たる不動産会社とREITの違いなどについても、徹底的に調べました。

　このような緻密な調査の結果、本稿は、主要国の不動産会社やREITのM&Aやガバナンスについて、具体的事例を交えながら理論的・実務的に比較検討したものとなりました。特に、世界のREIT市場の8割以上を占める上位5カ国（米英仏豪日）の比較により、経済産業省企業価値研究会「企業価値報告書（買収防衛ルール）」のJ-REIT版を不動産実務者向けに作成することを意図しました。

図1：企業価値報告書のJ-REIT版

	欧米のM&A基準整備状況	日本のM&A基準整備状況
株式会社	○	△
REIT	○	×

　第1章では、日米英仏独を比較検討した結果、わが国の上場企業全般に適用される「望ましいM&Aルール」を提言した企業価値報告書について、その内容を解説し、本稿の前提となる考え方を理解するとともに、わが国の上場

不動産株式会社のM&A、特に敵対的買収と買収防衛策について、実例を紹介します。

　第2章では、米国について検討しました。米国はREIT先進国ですので、REITの資格要件、再編税制、証券取引所規則など、法制度面の現状とその歴史を検討し、日本よりも20年以上先駆けて、①外部運用制度から内部運用制度へシフトした過程と、②株式会社化の過程を明らかにしました。次に、REITと証券投資信託との違いについて整理し、なぜREITにM&Aが生ずるのかについて、その理由を解明しました。2-6以降では、不動産会社とREITの買収ルールについて検討を行いました。まず、一般の不動産会社とREITには、全産業共通のM&Aルールが適用されることが原則ですが、REITには税制特典維持を目的としたREIT特有のM&Aルールが存在し、REITのM&Aルールが二段階構造になっている点について解説します。次に、2-8において、REITの買収防衛策として、附属定款に定められる所有制限条項と超過株式条項あるいはポイズンピル条項について、判例などを考察し、過剰防衛とならない防衛策とはどのようなものかを検討します。また、2-9から2-13では、不動産会社とREITに共通して適用されるM&Aディール・プロテクション、委任状勧誘、ゴールデン・パラシュート、サイド・ペイメント、スクイズアウト、濫用的買収について考察しました。2-14においては、なぜREITを含む不動産セクターが全産業平均よりも高いガバナンス評価を受けているのかを解明しました。

　第3章においては、米国を参考にしつつ、独自の制度（エントリー・チャージ制、リングフェンス・アプローチなど）を導入し、急成長した英国のREIT市場について、その制度的優越性を分析しました。その中で、もはや不動産会社とREITの違いは、税制上の違いにすぎないことが明らかになりました。

　第4章では、フランスについて、英国と同様の分析を行いました。フランスにおいても、税制以外、不動産会社とREITの違いはありません。フランスのREIT制度には英国に比べ制度的な未整備が存在します。

　第5章、第6章においては、豪州REIT及びそれを参考にしたJ-REITが、外部運用制度、非株式会社制度を採用し、法制度が未整備のため、実際のM&Aやガバナンスにおいて、さまざまな問題が生じていることを指摘します。日

豪REITの法整備状況が、米英仏REITのグローバル・スタンダードに比べ、いかに立ち遅れているかが明らかにされます。そして6-7において、「GLOBALIZATION」「CORPORATIZATION」という2つのキーワードを掲げ、J-REITの今後の課題について検討しました。

総括である第7章は、わが国初となるJ-REITの買収防衛策を提言し、J-REITのディール・プロテクションのあり方についても持論を述べます。最後に、これらを定めた実務指針の策定を提案します。

表1：世界のREIT市場時価総額ランキング（2009年10月31日現在）

国　名	創設年	運用	ビークル	上場REIT数	時価総額（億円）	シェア
アメリカ	1960	両方	会社とトラスト	142	215,847	45.73%
オーストラリア	1971	外部運用	トラスト	67	61,805	13.09%
フランス	2003	内部運用	会社	46	60,679	12.86%
イギリス	2007	両方	会社	19	32,247	6.83%
日本	2000	外部運用	投資法人	41	27,916	5.91%
シンガポール	1999	外部運用	トラスト	21	16,851	3.57%
その他				220	56,630	12.01%
合　計				556	471,976	100.00%

不動産証券化協会「ARES Vol.42」10頁を筆者が加工

なお、本稿のベースとなった修士論文作成にあたり、指導教官としてさまざまなアドバイスを頂いた一橋大学大学院国際企業戦略研究科の川村正幸名誉教授、宍戸善一教授、小川宏幸准教授ほか、本稿の出版にあたってご協力いただいた住宅新報社実務図書編集部の方々をはじめ数多くの関係者全員に対して、深く御礼を申し上げます。

最後に、本稿執筆にあたり最も迷惑をかけた家族に対して、本稿を捧げることを申し添えたいと思います。

2010年6月

石田　尚己

目　次

- P1　はじめに

第1章　わが国の不動産会社にとって望ましい買収防衛策

- P8　1-1　企業価値報告書
- P12　1-2　ポスト企業価値報告書
- P13　1-3　不動産会社の買収防衛策の設計・導入・廃止の実務
- P16　1-4　不動産会社に対する敵対的買収
- P16　【株式会社原弘産の日本ハウズイング株式会社に対する敵対的買収】

第2章　米国の不動産会社とREITのM&Aとガバナンス

- P32　2-1　内国歳入法上のREIT資格要件
- P33　2-2　REITの再編税制
- P34　2-3　REITに関するニューヨーク証券取引所規則
- P35　2-4　REITの歴史
- P38　2-5　REITの証券投資信託と異なる特性
- P40　2-6　不動産会社とREITのM&A ルール
- P40　2-6-1　買収防衛に関する一般ルール
- P40　【サイモン・プロパティ・グループ対タウブマン・センターズ判決】
- P45　2-6-2　一般ルールとポイズンピル条項
- P46　2-7　REIT特有のM&Aルール
- P47　2-8　REITの買収防衛策
- P47　2-8-1　REITの所有制限条項と超過株式条項
- P49　【パシフィック・リアルティ・トラスト対APCインベストメンツ判決】
- P51　【サンフランシスコ・リアル・エステイト・インベスターズ対リアル・エステイト・インベストメント・トラスト・オブ・アメリカ判決】
- P53　2-8-2　REITの所有制限条項とポイズンピル条項
- P55　【シャーガード・ストレージ・センターズのポイズンピル】

P56		【リアルティ・アクイジション対プロパティ・トラスト・オブ・アメリカ判決】
P57	2-9	不動産会社とREITのM&Aディール・プロテクション
P60		【ベンタス対サンライズ・シニア・リビング・リアル・エステイト・インベストメント・トラスト判決】
P62		【ブラックストーン・グループとエクイティ・オフィス・プロパティーズ・トラストとの合併契約におけるディール・プロテクション】
P63	2-10	不動産会社とREITの委任状勧誘と株主総会
P64		【エクイティ・オフィス・プロパティーズ・トラスト委任状有効判決】
P66	2-11	不動産会社とREITのゴールデン・パラシュートとサイド・ペイメント
P67	2-12	不動産会社とREITのスクイズアウト
P70	2-13	不動産会社とREITの濫用的買収
P71	2-14	不動産会社とREITのガバナンス

第3章 英国の不動産会社とREITのM&Aとガバナンス

P76	3-1	英国REITの要件
P79	3-2	英国の不動産会社とREITのM&A法制
P84	3-3	英国の不動産会社とREITのガバナンス

第4章 フランスの不動産会社とREIT(SIIC)のM&Aとガバナンス

P88	4-1	フランスREITの概要
P89	4-2	フランスの不動産会社とREITのガバナンス
P89	4-3	フランスの不動産会社とREITのM&A法制の問題点

第5章 豪州REIT(LPT)のM&Aとガバナンス

P94	5-1	豪州REITの概要
P95	5-2	豪州REITのガバナンスの問題点
P96	5-3	豪州REITのM&A法制の問題点

第6章　J-REITのM&Aとガバナンス

P100	6-1	投資信託及び投資法人に関する法律
P102	6-2	J-REITの導管性要件
P103	6-3	J-REITの上場基準
P104	6-4	J-REITの上場廃止基準
P105	6-5	J-REITのM&A
P105	6-5-1	投資法人の合併
P108	6-5-2	J-REITのホワイトナイトに対する第三者割当増資
P109	6-5-3	J-REITの公開買付とスクイズアウト
P110	6-5-4	J-REITの委任状勧誘規制と投資主総会
P112	6-5-5	資産運用会社のM&A
P113	6-5-6	資産運用会社との関係解消
P114	6-5-7	J-REITの友好的買収事例にみる問題点
P114		【ジョーンズ・ラング・ラサールによるイーアセット投資法人の買収】
P118		【三井不動産グループによるフロンティア不動産投資法人の買収】
P122	6-5-8	J-REITの敵対的買収事例にみる問題点
P122		【プロスペクトによるFCレジデンシャル投資法人の買占め】
P124	6-6	J-REITのガバナンスと構造的不祥事
P125		【ジャパン・ホテル・アンド・リゾート株式会社（資産運用会社）に対する2008年2月29日付行政処分勧告】
P125		【プロスペクト・レジデンシャル・アドバイザーズ株式会社（資産運用会社）に対する2008年6月17日付行政処分勧告】
P127	6-7	今後の市場課題

第7章　望ましいJ-REITのM&Aルール

P132	7-1	J-REITの買収防衛策の提言
P136	7-2	J-REITのディール・プロテクション基準の提言

第1章

わが国の不動産会社にとって望ましい買収防衛策

第1章　わが国の不動産会社にとって望ましい買収防衛策

1-1　企業価値報告書

　わが国の株式市場において、M&Aをめぐる敵対的買収、さまざまなモラルハザード、法廷闘争が相次いだため、経済産業省は、東京大学大学院神田秀樹教授が座長をつとめる企業価値研究会に「望ましいM&Aルール」を諮問した。企業価値研究会は、2005年、その検討結果を「企業価値報告書」としてまとめ、その内容を公表した[*1]。

　その中で企業価値研究会は、まず、企業価値向上、グローバル・スタンダード、内外無差別、選択肢拡大という4つの基本原則を提示した。企業価値研究会は、米国、英国、ドイツ、フランスの買収防衛策を比較検討した結果、EUが採用している全部買付義務やシティーコードを採用しないことにした。また、主として参考にした米国の基準においても、硬直的な反買収法、事案によって判例が分かれることがあるレブロン基準[*2]は採用しないことにした。

　さらに、米国州法にみられるような、成文法による防衛策は望ましくないという姿勢を明らかにしている。

　企業価値報告書においては、過剰防衛とならない適切な防衛策について、①平時導入と開示の徹底、②消却（サンセット）の可能性確保と1回の委任状争奪戦で（防衛策の発動または消却を）決着、③有事の取締役判断の恣意性排除の工夫（独立委員会によるチェック、客観的解除要件の設定、株主総会授権）を提案した。また、強圧的効果を持つ、二段階買収[*3]の規制のあり方などが今後の制度改正の検討ポイントであると指摘した。

　日本における防衛策に関する判例上のルールは、会社の支配権争いがある局面で行われた第三者割当増資を巡って確立した「主要目的ルール」が唯一である。主要目的ルールは、有事において行った第三者割当増資が、支配権

[*1] 企業価値研究会、2005年「企業価値報告書～公正な企業社会ルール形成に向けた提案」
[*2] Revlon, Inc. v. Macandrews & Forbes Holdings, Inc., 506 A.2d 173 (Del.19869)詳細は本稿2-9参照
[*3] 部分的公開買付実施後に2回目の公開買付を実施すること

を唯一または主要な目的としていれば違法とし、資金調達目的があれば適法とする考え方である。

しかし、新株予約権や種類株式の発行については、必ずしも資金調達の必要性は要求されていない。

わが国では、従来から株主平等の原則により、ポイズンピル（買収者以外が行使できる新株予約権の無償割当）によって特定の株主に対して差別的な取扱いをすることについて疑問の声があったが、今日では一般的なものとして受け入れられている。

防衛策の合理性の判断基準としては、企業価値を損なう買収提案を排除するものであれば認められるべきであるが、反対に企業価値を高める買収提案は排除すべきではないという基準「企業価値基準」が適当であるとした。

しかも、企業価値を損なうかどうか、防衛策を解除するか否かは、原則的に株主が判断すべきであるが、有事においては、株主総会は時間的制約があるので、株主総会において株主の信任を得て、経営を付託された経営者の判断に一次的に委ねざるを得ない。一方で、防衛策に関する経営者の判断には、常に経営者が保身目的で行う可能性がつきまとう。

図2：ポイズンピルの発動

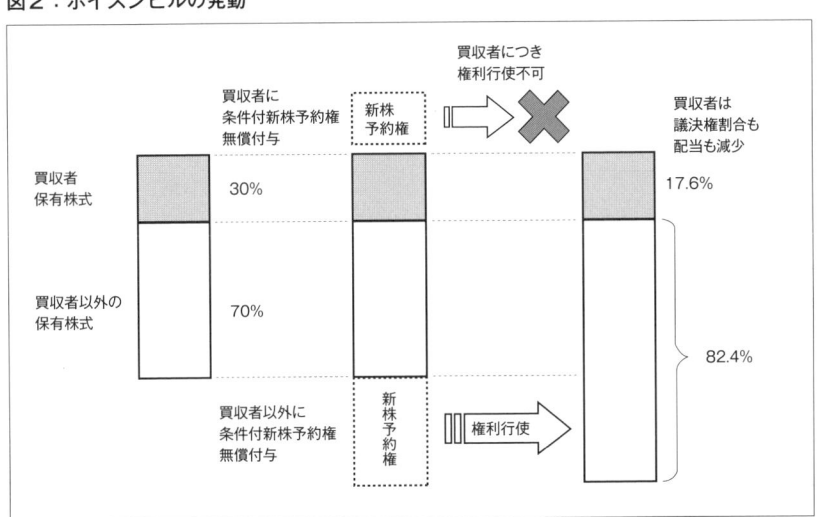

米国のユノカル基準*4は、防衛策に関する経営者の判断は、経営者自身の保身のために行われる可能性があるので、買収によって企業価値が損なわれる脅威があると信じるに足りる合理的な根拠があり、講じた防衛策が過剰なものではないということを取締役が立証して、初めて適法となるとしている。

　それでは、脅威とはいかなるものか。企業価値報告書は、3つに分類している。

> ① 構造上強圧的な買収類型
> 　グリーンメール*5や強圧的二段階買収に代表される（既存株主に対して）強圧的な類型
> ② 代替案喪失類型
> 　現経営陣に代替的な提案を考えるだけの十分な時間的余裕を与えないような類型
> ③ 株主誤信類型
> 　企業価値を損なう買収提案であるにもかかわらず、株主が十分な情報を与えられないままに、誤信して買収に応じてしまう類型

　企業価値報告書では、これらに該当するかしないかの判断要素について、①の場合は、買収者の経歴や評判、買収手法、②の場合は、買収価格の不適切さ、買収者が会社側に提案した交渉機会の有無やその長短、③の場合は、経営者の経営方針と買収者の経営提案、特に経営者が重視する企業の強み（例えば、企業の競争力の源泉、根幹となっている人的資本の蓄積、信頼関係など）への影響を示した。

◆防衛策の過剰性の判断基準

　企業価値報告書は、防衛策について、買収者以外の一般株主をも差別的に取り扱うようなものではなく（非強圧性）、また、株主の選択権が確保されるものでなくてはならない（非排除性）という原則を提示している。つまり、買収者以外を平等に扱いつつ、消却が可能でかつ1回の委任状争奪戦によっ

---

*4 Unocal Corp.v Mesa Petroleum Co., 493 A. 2d 946 (Del. 1985)
*5 買い占めた株式を発行会社に買い取るように迫る脅迫状のこと

て解除できるような防衛策は、株主に防衛策の是非を判断する機会を与えるので、排除性がなく、過剰防衛にならないとした。

　また、会社の売却が既に決まっている局面において、競合する敵対的買収者が現れた場合、取締役には、原則として当該買収者の競合提案も検討すべきであるとした。

◆適切な経営判断プロセスの重視
　企業価値報告書は、防衛策の合理性を高めるには、企業価値の向上ひいては株主全体の利益の向上が反映できるよう、防衛策の導入から発動に至る適切な経営判断プロセスを確保するためには、①十分に時間をかけた検討、②外部専門家の分析、③第三者の関与が必要であるとしている。特に第三者の関与については、防衛策の導入、維持・解除に関する意思決定を行うにあたって、利害関係の比較的薄い社外取締役や社外監査役など第三者が、十分な情報を基に、防衛策の導入の意思決定に関与すべきであるとした。

◆市場から支持されるための条件
　以上のとおり、防衛策が市場から支持されるためには、①防衛策の平時導入と情報開示、②1回の株主総会の決定で消却できる防衛策、③現任役員の保身目的でない防衛策とする必要があるという。特に②については、株主総会において、買収者側が委任状争奪戦により役員入替えやサンセットを実施しやすくすべきとし、また、黄金株*6や複数議決権株式も1回の株主総会で消却できるものとすべきであるとした。また、③については、「独立した社外委員会によるチェック（独立性の高い社外取締役や社外監査役などの判断を重視する）」、「客観的解除要件設定（防衛策の解除条件をあらかじめ極力客観的に設定する）」、「株主総会授権（平時の株主総会において有事における判断プロセスを取締役会が授権する）」の3つの要件を極力満たすことで、内部の経営者の独断を排除でき、3つの要件が満たされるほど合理性が高まるとした。特に、機関投資家の支持を得るには、③が要求されるとした。

---

*6 株主総会決議事項につき拒否権のある株式のこと

1-2 ポスト企業価値報告書

　2007年5月、スティール・パートナーズ・ジャパン・ストラテジック・ファンド（以下「STPJ」という）が、ブルドックソース株式会社（以下「ブルドック」という）を公開買付により敵対的買収を試みた際、ブルドックが、買付け開始後に、株主総会を開催して、圧倒的多数の賛成を得て、STPJには希薄化後の株式相当額の金銭、STPJ以外の株主には新株予約権を交付したうえで、株式を発行した件につき、STPJとブルドックとの法廷闘争が最高裁まで繰り広げられた[*7]。

　最高裁は、「濫用的買収者に当たるといえるか否かにかかわらず敵対的買収により、会社の企業価値が毀損され、会社の利益ひいては株主の共同の利益が害されることになるような場合には、会社が敵対的買収者に対する対抗措置を講じることが許容され、そうであるか否かは会社の利益の帰属主体である株主自身により判断されるものである。また、判断の前提とされた事実が実際には存在しなかったり、虚偽であったなど、判断の正当性を失わせるような重大な瑕疵が存在しない限り、その判断が尊重されるべきである」と判示した。

　また、新株予約権の無償割当が認められるか否かについて、対応策をあらかじめ定めていなかったか否か、対応策を採用した目的を勘案しつつ、最終的に、株主平等の原則からみて著しく不公正な方法によるものかどうかを判断するという、判断プロセスを示した。

　さらに、対応策を講ずるか否か、講ずるとしてどのような対応策を採用するかについては、そのような事態が生ずるより前の段階で、あらかじめ定めておくことが、株主、投資家、買収をしようとする者等の関係者の予見性を高めることになると述べた。

　わが国の伝統的解釈は、取締役が、法令または定款により要求される株主総会の決議を経ることなく対外的になした行為は、当該行為が通常会社にとって極めて重大なものとなることから、取引の相手方の事情は考慮せずに無効とする[*8]とされており、本判決もこれを受けたものである。米国におい

[*7] 最決平19.8.7、商事法務1809号16頁

ては、利害関係がなければ、取締役会が新株予約権の発行を発動することが可能であるが、わが国の場合は、たとえ事前警告型防衛策として導入されたものであっても、また独立委員会の意見がいかなるものであっても、株主の承認が必要と解釈し得る判決内容である。

1-3 不動産会社の買収防衛策の設計・導入・廃止の実務

事前警告・株主承認型防衛策が、ポスト企業価値報告書の防衛策といえるようである。

筆者は、東証1部上場の大手不動産会社の買収防衛策の制度設計・立案・原案作成のすべてを行う機会を得た。

大前提は、2005年5月27日に経済産業省等が、企業価値報告書に基づいて作成し公表した「企業価値・株主共同の利益の確保又は向上のための買収防衛策に関する指針」、東京証券取引所が2006年3月7日に発表した「買収防衛策の導入に係る上場制度の整備等に伴う株券上場審査基準等の一部改正について」及び同取引所諸規則等に則って作成するということである。

実際の防衛策設計にあたって、主として次の5つの問題について検討した。

第1に、買収者が発行済株式総数の何％以上取得した場合に買収者とみなされるかについてである。ISS（Institutional Shareholder Services）はその基準比率を20％とし、一般的にも20％としている会社が多い。しかしながら、筆者が関与した会社の場合、経営者一族が、約20％、約10％をそれぞれ所有していたため、経営者の保身を目的とした過剰防衛とみなされないよう、基準比率を30％に引き上げた。東証も、買収者が筆頭株主になり得る比率を基準として考えているようである。

第2に、新株予約権発行の決定権限は、株主総会とするのか取締役会とするのかについてである。会社側としての最大リスクは、ニッポン放送事件[9]のように、発行を取り消されることである。ブルドックソース事件の最高裁判決[10]も株主総会決議を受けたことを重視していたので、株主総会に決定

---

[8] 東京高判昭53.5.24、判例タイムズ368号248頁
[9] 東京高決平17.3.23、商事法務1728号41頁
[10] 前掲[7]

権限を持たせた。明らかに濫用的買収者であると独立委員会が判断した場合においても、独立委員会は株主総会に新株予約権の無償割当を株主総会に付議すべき旨を勧告するにとどまり、最終的な判断は株主総会とした。例外的に取締役会が発動できるのは、買収者がこのような株主意思の確認手続きを妨害している客観的事実を独立委員会が認め勧告した場合に限定した。もちろん、買収者による委任状勧誘を制限しているわけではない。このように株主総会が決定することを前提としたので、独立委員会の機能は、ライツプラン発動の可否について株主判断に資する最大限の情報を、会社側と買収者側の両方から「公平に」収集することであると考えた。独立委員会が、短時間で漏れなく買収者から情報を収集するには、防衛策にあらかじめ詳細に記載しておく必要がある。筆者は、特に、経営支配権を握る者として明らかに不適格とみなされる過去の法令違反等に関する情報提供を求めた。当然、取締役会は、企業価値及び株主共同の利益の向上のために買収者と交渉しなければならないし、独立委員会に対して最善の会社側提案をしなければならないということになる。

第3に、新株予約権を行使できない買収者に対する金銭等対価の提供についてである。まず、「新株予約権の発行が著しく不公正な発行」とみなされるか否かについて考える必要がある。先のブルドックソース判決における最高裁判決は金銭交付を支持したが、当時経産省企業価値研究会が作成中の「近時の諸環境の変化を踏まえた買収防衛策のあり方（案）」の中では、金銭交付すべきでないとしていた。このように、金銭交付については、裁判所と企業価値研究会との間で意見対立があるので、柔軟に対応できるように「新株予約権1個に対して財産を交付することができる」と表現した。経済界側としては、無駄な金銭交付が避けられることについては有り難いと考えているので、経産省が裁判所に異論を唱えたことを支持している[11]。

第4に、新株予約権発行に関する外国人の取扱いについてである。米国人株主が5％以上占めていることは明らかであったので、少なくとも1933年証

---

[11] さらに、筆者は新株予約権の取得と金銭交付に関する税務上配慮すべき事項について、実例を解説した「ブルドックソースによる敵対的買収に対する対抗措置（下・その2）」 岩倉正和、大井悠紀 商事法務1825号 41頁を参考とした。

券法及び同法レギュレーションD*12に配慮する必要があった。そこで、米国以外の外国人株主にも対応できるよう「日本国内に常任代理人または支店等を有しない特定の外国人株主等は、外国法令上の制約により、外国法令等に定める条件を充足できず、新株予約権の割当てや権利行使ができない場合があります。なお、当社はかかる外国法令等の条件を充足させる義務を負わないものとします。」との文言を挿入した。株主平等の原則からすると、該当外国人株主に対しては、株式の代わりに金銭交付等をすることが、米国における継続開示よりも合理的と判断される場合があるかもしれない。

　第5に、防衛策の導入について特別決議にすべきか普通決議にすべきかについてである。新株予約権の発動時に特別決議とするか否かについては判断が難しいところであるが、防衛策の導入については、防衛策の速やかなサンセットを実現するためにも、定款に定める必要はないと考えたので、普通決議とした。

　以上、これら5つの問題点よりも、もっとも調整に難航したのは、独立委員の人選である。経営、法律、会計、税務、労務等、会社全般の高度な経営判断が下せるようなメンバーを社内と独立して確保することは極めて難しい。結果として、バランスを考えながら、社外取締役、非常勤監査役、弁護士、会計士、大学教授等にお願いすることになる。

　なお、本防衛策については、無事に、取締役会及び株主総会で可決承認され、金融商品取引法第23条の3に基づく新株予約権に関する発行登録書を関東財務局に提出した。

　しかしながら、その後、大手金融・不動産グループに対して、大規模な第三者割当増資を実施した際、取締役会決議により払込みを条件として防衛策を廃止し、同時に発行登録書を取り下げた。ここで注意しなければならないのは、払込みがあるまでは絶対に防衛策を廃止してはならないということである。何らかの理由により払込みがなされなかった場合、廃止した防衛策を復活させることになるが、発行登録書を再度提出し、その効力が発生するまでに時間を要するからである。

---

*12 抵触した場合には、米国基準による継続開示が必要になるため、発行会社の負荷が増える可能性がある。

1-4　不動産会社に対する敵対的買収

　ここでは、上場不動産会社同士による敵対的買収の具体的事例として、2008年上半期に行われた株式会社原弘産による日本ハウズイング株式会社に対する敵対的買収を、両社の開示資料[13]に基づいてみていくことにしよう。

【株式会社原弘産の日本ハウズイング株式会社に対する敵対的買収】

◆大量取得の予兆と買収防衛策導入

　2006年9月、不動産開発と不動産管理等を手掛ける大阪証券取引所市場第2部上場の株式会社原弘産（以下「原弘産」という）は、不動産管理を主として手掛ける東京証券取引所市場第2部上場の日本ハウズイング株式会社（以下「日本ハウズ」という）の大株主（所有比率6.13%）である井上投資株式会社（以下「井上投資」という）を株式交換により完全子会社化した。その後原弘産は、マンション管理戸数においてトップクラスの日本ハウズと事業提携を行いたいと考えるようになり、①日本ハウズとの事業提携によるストック型ビジネスの展開、②同社の開発建設事業を原弘産に移管・統合することによる同社の管理事業の拡大の可能性、③管理事業に伴う安定した収益の確保を本格的に検討のうえ、原弘産から日本ハウズに面会の申入れをしたのだが、なかなか実現しなかった。ようやく第三者を通じて、原弘産社長らと日本ハウズ社長らとの面談が11月27日に実現した。その際、原弘産社長らは持参した資料を基に自社の事業説明を行ったのだが、日本ハウズ社長らからは特に事業説明もなく、名刺交換と挨拶程度の素っ気ないものであった。

　その後、2006年12月末から2007年5月頃までの間、日本ハウズ社長が原弘産に来社することがあったが、アポイントメントなしの来社であったため、原弘産社長との面談は実現しなかった。

　他方で原弘産は、2007年2月頃から、開示資料などを基に独自に日本ハウズの事業内容や財務内容を調査分析し、原弘産が日本ハウズと協力関係を構

---

[13] 株式会社原弘産のプレスリリース履歴　http://www.harakosan.co.jp/ir_release/ir_release_year/w/?y=2008
　　日本ハウズイング株式会社のプレスリリース履歴　http://www.housing.co.jp/ir/index.html

築することにより、両者の企業価値を向上できないかという検討を始めた。

一方、日本ハウズは、原弘産の動きに対抗するために、5月15日開催の取締役会決議により「当社株式の大量取得行為に関する対応策（買収防衛策）」を仮導入し、6月28日開催の株主総会の承認によって正式導入した。その内容は事前警告・株主承認型ポイズンピル（大量取得者等以外の株主に対する新株予約権の無償割当）であり、経済産業省等が2005年5月27日に発表した「企業価値・株主共同の利益の確保又は向上のための買収防衛策に関する指針」の定める三原則（企業価値・株主共同の利益の確保・向上の原則、事前開示・株主意思の原則、必要性・相当性確保の原則）をすべて充足しているものであったが、独立委員会は設置されなかった。

2007年11月19日、日本ハウズ社長らが中間決算説明のために下関にある原弘産の本店を訪れた。その際、中間決算説明後の昼食会の席上にて、原弘産社長は、「貴社と、協業・経営統合をぜひ行いたい。まずは協業・経営統合の可能性を検討するためのチームを組成することを検討願いたい」旨の提案をした。これに対し、日本ハウズ社長より、11月21日、電子メールにより協業・経営統合を検討する意向がない旨の回答があった。日本ハウズは、特定のデベロッパーが開発したマンションに限定されない独立系マンション管理会社として、多種多様な管理組合のニーズに対応し、また、現場第一主義に徹することで管理サービスの質を向上させていることが企業文化であるとともに会社固有の強みであると認識しており、その一層の具体化へ向けて社内体制強化に集中することが最優先課題であると考えていたのである。

これを機に原弘産は、日本ハウズとの協業は最終的に日本ハウズの株主の判断を仰ぐべき問題であるとの認識に至り、日本ハウズが導入している買収防衛策に則って買付説明書[*14]を提出するため、事業提携・事業統合案の作成に着手した。

[*14] 保有者の株券等保有割合が20％以上となる買付けにあたっては、事前に買付説明書を提出することが定められていた。

◆買付提案（買付説明書提出）

　2008年2月18日、原弘産は、日本ハウズが同社株主総会決議に基づいて導入した買収防衛策に則って、事業提携・事業統合案を記載した買付説明書及び守秘義務誓約書を提出し、会計帳簿の閲覧請求をした旨を開示した。その案は、①管理契約戸数の拡大、②これまでのノウハウを生かした顧客サービスの向上、③スケールメリットを生かしたコスト削減、④対象会社の人材の尊重とさらなる育成を通じた高付加価値の提供、⑤管理事業をベースとした新規事業の創造を基本方針とすると掲げていたが、明らかに規模の経済性によるコスト削減効果を見込んでいるものであった。

　あわせて、日本ハウズとその内容を協議のうえ、取締役会の賛同または株主総会の承認を条件として、原弘産ら（井上投資を含む）の株券等保有割合が50.00％を下限、66.67％を上限とし、公開買付価格を1株1,000円[*15]とする公開買付を、2008年7月上旬を目途に実施する予定である旨も開示した（ただし、日本ハウズ取締役会の賛同が早期に得られた場合には、これより早まることもあり得るとした）。

　また、買付け後については、日本ハウズの上場を維持しつつ、株主に対する配当性向を安定的に25％となるよう努力するものとし、その他のステークホルダーについても、従業員、顧客及び取引先並びに地域社会との関係は、雇用を含め現状維持を基本方針としていることを公表した。

[*15] 日本経済の長期的成長率を1.5～2.5％、インフレ率0.0～1.0％程度を前提として、優位性のある事業分野においては、今後7年間は4％以上成長、8年後以降はマクロ経済水準の成長を想定。また、長期リスクフリーレートは2.4％、株式リスクプレミアム6.0％、β値（不動産開発部門）1.41、β値（不動産管理部門）1.26とした場合、想定される以下の3ケースについて収益還元法に基づき株主価値評価額を独自算定。ケース2及びケース3に基づき買付価格を1,000円（株価プレミアムは、直近2月15日700円を基準とした場合42.9％、3カ月平均707円を基準とした場合は41.4％、6カ月平均738円を基準とした場合は35.5％、1カ年平均789円を基準とした場合は26.7％）と決定した。

ケース1
　現状維持を前提とした1株当たり株主価値評価額は821円となった。

ケース2
　日本ハウズが、不動産管理に特化することを前提として、①来期に開発建設部門を原弘産へ一括移管する場合、②来期と再来期に分けて徐々に移管する場合を想定した結果、1株当たりの株主価値評価額は、①の場合は1,009円、②の場合は987円となった。

ケース3
　日本ハウズが、不動産管理事業に特化し、分譲マンション開発建設事業を原弘産に移管し、かつ営繕事業を強化することを前提とした場合の1株当たりの株主価値評価額は1,001円となった。

◆協議申入れ

　原弘産は、2月19日付及び26日付で、原弘産が買付説明書の内容について説明するため、日本ハウス経営陣との面談の機会を設けてもらうよう申し入れたが、2月27日、日本ハウスの代理人弁護士より、面談は現時点においては必要ないと考えている旨の回答があり、さらには、4月1日付で日本ハウスより受領した書面には、以下の4項目が書かれていた。

> ① 5月15日に公表した買収防衛策の内容にかかわらず、買付説明書の提出後は買収防衛策が規制していない20％未満の株式の買付けであっても行ってはならない。
> ② 原弘産らが昨年来繰り返し行ってきた事業提携・事業統合の申入れについては、日本ハウスは内容を聞くこともないまま検討自体をお断りしているわけであるから、原弘産が主張するような事実と異なる開示は行っていない。
> ③ 買収防衛策に定める取締役会検討期間は開始していない。どのような情報が提供されれば、必要情報として十分となり、取締役会検討期間が開始されるかの判断については、買収防衛策に客観的基準は定められておらず、現経営陣の主観的な裁量に委ねられている。
> ④ 買収防衛策によれば、日本ハウスから大量取得者等に対しては事業計画・業績予想等について開示を求めることができるが、大量取得者等に対してこれらの情報を開示することを要請するような規定は置かれていないし、これらの情報を一般株主の皆様に開示することは常に必要となるわけではないので、現時点においては、日本ハウスとして事業計画・業績予測値や株式の公正株価を公表する必要はない。

　しかしながら、日本ハウスはかかる方針を変更し、4月9日付で原弘産に対して逆に協議の申入れをした。

◆公開質問状のやりとり

　3月5日付で日本ハウズより、「平成20年2月18日付『買付説明書』に関する質問事項のご回答のお願い」と題する質問書が原弘産へ送付され、原弘産はこれを受領した。あわせて、日本ハウズの代理人弁護士は、競合会社である原弘産に会計帳簿等を閲覧謄写させる必要はなく、開示情報に基づく範囲内で回答すれば足りる旨を原弘産へ通知した。

　日本ハウズによる質問事項は、49問から構成されており、以下のように分類されていた。

① 大量取得者及びそのグループの詳細に関する質問
② 買付けの目的、方法、内容に関する質問
③ 買付価格の算定根拠に関する質問
④ 買付資金の裏付けに関する質問
⑤ 買付け後の経営方針、事業計画、資本政策及び配当政策に関する質問
⑥ 買付け後の利害関係者に対する処遇等の方針に関する質問
⑦ 大量取得者等と既存株主との利益相反を回避するための具体的な方策に関する質問
⑧ その他の質問

　さらに、日本ハウズから3月14日付で「要請及び追加質問事項のご回答のお願い」と題する要請書兼追加質問書が原弘産へ送付され、原弘産はこれを受領した。

　原弘産は、質問書及び追加質問書に記載された2問の追加質問に回答するため、3月19日付にて「平成20年3月5日付質問書及び平成20年3月14日付追加質問書に対する回答について」と題する文書及び回答書並びにそれらに関わる非公開資料も提出した。さらに、3月24日付で日本ハウズに対する原弘産からの質問書を送付した。

　日本ハウズ取締役会は、原弘産の回答書受領後、その内容が必要かつ十分か否かについて、外部専門家を交え、慎重に評価・検討した結果、いまだ買付提案への賛否を株主の皆様にご判断いただくためには不十分であるとの判断に至り、4月1日付で「平成20年2月18日付『買付説明書』に関する再質

問事項へのご回答のお願い及び平成20年3月24日付『ご質問の件』に対する回答書の送付について」と題する再質問書（追加質問17問）及び回答書を原弘産へ送付した。

　これに対して、原弘産は、4月16日付で「平成20年4月1日付再質問事項に対する回答について」と題する文書及び回答書を、日本ハウズに提出した。しかしながら、回答書中、以下の3つは経営上の重要な内容に関わるものであるため、かねてよりお願いしている秘密保持誓約書を日本ハウズから頂戴した後に回答させていただきたいとして、回答を保留した。その質問は、次のとおりである。

> **回答保留質問①**
> 　当社にとって経営の信頼性及び安定性は重要な要素であると考えておりますが、貴社におかれましては、以下のとおり、取得した不動産を短期間で他社に転売した事例がみられます。また、質問1-(3)においてご回答いただいた貴社の事業別販売実績によれば、貴社における不動産販売事業による販売実績は急速に増加し、2007年2月期においては、貴社の不動産分譲事業における販売実績の半分以上を占めているとのことです。つきましては、2008年2月期を含む過去3期における不動産販売による売上総利益の金額をご教示ください（なお、2008年2月期の数字については、貴社の2008年2月期の決算短信公表後にご教示いただくということで結構です）。
>
> **回答保留質問②**
> 　質問1-(8)に対する回答によれば、貴社はこれまで子会社及び関連会社に対して資金面での支援及び役職員の派遣などの人的支援を行ってこられたとのことですが、貴社がこれまで買収または設立した子会社について、そのような支援が当該子会社の企業価値の向上につながったのかどうか、買収または設立の目的、買収または設立当初の当該子会社に係る事業運営の方針、買収または設立時及び現在の当該子会社の業績等を踏まえつつ、具体的かつ詳細にご説明ください。例えば、質問1-(6)に対する回答によれば、貴社が2006年1月17日に株式を取得した子会社である株式会社ベツ

ダイ（以下「ベツダイ」という）においては、新規案件の受注を行っていないとのことですが、ベツダイにおいて新規案件の受注を中止した理由、ベツダイの不動産管理事業に対して貴社が講じた施策、また、ベツダイの不動産管理事業の事業拡大を達成できなかった理由についての貴社の分析を、具体的かつ詳細にご説明ください。

回答保留質問③
　質問1-⑩でご回答いただいた貴社におけるコンプライアンス推進体制について、貴社の2007年11月19日付プレスリリースによれば、貴社は、福岡市東区の人工島（アイランドシティ）での事業に関し、福岡市の第三セクターである博多港開発株式会社から事業予定者の決定の取消通知を受けたとあります。貴社は、上記プレスリリースにおいて、かかる決定取消しの理由につき、関係機関に対し収支の改善策を提出したが折り合いがつかなかったためとご説明されております。しかしながら、博多港開発株式会社のホームページによれば、決定取消しの理由につき、貴社が「契約間際に土地売買単価について、公募条件を下回る購入価格を提示し、この変更が受け入れられなければ事業を実施しないとする一方的な辞退の申入れを行ってきており、このことは公募条件に反する行為であるため」と記載されております。かかる博多港開発株式会社の説明が事実かどうか、また、貴社においてアイランドシティにおける事業者公募の後に公募条件を下回る購入価格の提示を行うことに関して、貴社の「企業倫理基準」である法令順守及び社会倫理の遵守との関連でどのような検討がされたかを含め、事業者公募への応募から決定取消しに至るまでの経緯につき、具体的かつ詳細にご説明ください。

　これらの質問に対して、原弘産が回答を保留していたところ、4月18日付で日本ハウズから「平成20年4月16日付『回答書』に関するお願いについて」と題する文書が送付されてきた。その中で、単に取締役会が判断するための情報ではなく、株主の皆様の判断にとって必要な情報を開示いただくという重要な目的のために提供をお願いしていると書かれており、原弘産は、「この

主旨については理解しており、株主の皆様の判断にとって必要な情報を開示する必要性を感じている」とのことから、4月22日付にて「回答留保質問に対する回答について」と題する文書及び回答書を同社宛に提出し、その内容を公表し、問題がない旨をアピールした。

このような公開質問状のやりとりは、6月18日まで続いた。

◆**株主提案権行使と総会検査役選任**

日本ハウズの買収防衛策では、株主意思確認のための総会まで、取締役会検討期間として60日、株主熟慮期間として30日の合計90日を要するとされていた。

原弘産が買付説明書を提出したのは2月1日（定時株主総会の開催予定日まで約130日以上前）であるが、日本ハウズ取締役会は、そこから43日が経過しているにもかかわらず、4月1日（定時株主総会の開催予定日まで約90日前）に至っても、合理的な理由なく取締役会検討期間を開始していない等と述べていることから、現時点においては、定時株主総会において買付提案の是非について日本ハウズ株主から意思確認の機会を奪おうとしているのではないかと思わざるを得ないとし、日本ハウズ株主の意思確認の機会を確保するため、会社法第303条及び第305条に基づく株主提案権を行使し、4月10日付で、6カ月以上さかのぼり100分の1以上の議決権を有する井上投資が、6月開催予定の日本ハウズ定時株主総会において、下記事項を株主総会の目的とし、かつ、その議案の要領及び提案の理由を株主総会招集通知及びその参考書類に記載するよう請求した。

> ① **定款一部変更（買収防衛策に係る規定の新設）の件及び買収防衛策導入の件**
>
> 　現状の買収防衛策は、2007年6月28日開催の日本ハウズ株主総会で承認されているが、そもそも、会社法第295条第2項によると、取締役会設置会社における株主総会決議事項は、法令及び定款で定めた事項に限るとされているにもかかわらず、日本ハウズの買収防衛策導入及びその発動の賛否は日本ハウズの定款上も株主総会決議事項とされていないた

め、法的意義が不明確かつ曖昧なものとなっている。

　また、現状の買収防衛策では、買収防衛策に基づく対抗措置の発動の賛否に関する株主意思の確認手続きとして株主意思確認総会における株主投票または書面投票を行うとされているが、現状の買収防衛策におけるこれらの投票は、法律上の株主総会決議として行われないので、投票の透明性を確保するために株主総会検査役の選任を求めることや、どんなに不公正な投票が行われても会社法第831条に基づく株主総会決議取消訴訟等によって司法的救済を受けることもできない設計となっている。

　さらに、現状の買収防衛策上、大量取得者から提供される情報を日本ハウズ取締役会が分析・検討できる期間は、「原則として」60日などと定められているが、「（回答内容が）情報として不十分である」とさえ言えば、無制限に分析・検討の開始を遅らせることができるなど、取締役会による恣意的な運用の余地を残す設計となっている。

　このような取締役会による恣意的な運用を防止すること等を目的として現状の買収防衛策を一部変更したうえで、変更後の買収防衛策を導入し直すべきである。

　また、取締役の解任に関する定款規定は、3分の2の賛成を要する特別決議ではなく過半数で足る普通決議とすべきである。

② 買収防衛策に基づく株式会社原弘産らに対する対抗措置の不発動の件
　原弘産が日本ハウズ株式の株券等保有割合が20％以上となる買付けを行うことを認めるか否かについては、日本ハウズ株主の皆様にご判断いただくべきである。

③ 取締役2名選任の件
　日本ハウズの取締役は、現在21名もいるが、独立性を維持できる社外取締役は存在せず、ガバナンス体制として、必ずしも適切なものではないと考えており、原弘産社長と経営企画室長を社外取締役候補者にすべきである。

　日本ハウズは、4月23日開催の取締役会において、原弘産が保留していた

質問に対する回答を公表したことから、十分な情報が得られたとして、買収防衛策に基づく取締役会検討期間を4月24日から5月27日とすることを決議した。当該期間は、買収防衛に定める検討期間よりも短縮されており、定時株主総会の招集通知発送事務を配慮した期間設定となっていた。

日本ハウズは、4月24日、東京地方裁判所に対し会社法第306条第1項の規定に基づき総会検査役の選任の申立てをし、東京地方裁判所は総会検査役として弁護士を選任した。

取締役会検討期間中である5月13日、日本ハウズ取締役会は、「原弘産らの当社株式の買付提案に対する当社取締役会意見書」を作成し、原弘産の買付提案については、日本ハウズの企業価値を著しく毀損し、株主共同の利益に反すると判断し、反対する旨の取締役会の意見表明を行うことを決議した。その理由として、原弘産が親会社になった場合、独立系マンション管理会社でなくなることや、原弘産の財務状況が日本ハウズよりも脆弱であるので企業価値が毀損され、株主共同の利益に反すること、原弘産が提案する事業提携は原弘産の都合による事業再構築プランにすぎず到底賛同できないこと、原弘産らによる本買付提案の内容は、目的が不明確かつ不適切な部分買付であること等をあげた。

また、日本ハウズ取締役会は、新たに成長戦略を策定のうえ、安定的に適正利益を確保できないとの理由から、原弘産が事業統合を提案している開発建設事業から撤退し、マンション管理事業及び営繕工事業に経営資源を集中することを決定した。

さらに、日本ハウズ取締役会は、原弘産らの買付提案に基づく買付行為が、企業価値を著しく毀損し、株主共同の利益に反すると判断したことから、6月27日開催予定の第44期日本ハウズ定時株主総会において、原弘産らの買付行為に対する対抗措置としてのポイズンピルの発動の賛否に関する株主意思の確認手続きを実施する方針を決定した。

6月3日、日本ハウズは、原弘産の代理人弁護士出席のもとで総会検査役との打合せを行い、その席上、6月6日発送予定の定時株主総会招集通知のドラフトを提示した。そのドラフトは、井上投資の株主提案のうち、①定款の一部変更（買収防衛策に係る規定の新設）の件及び買収防衛策導入の件に

ついては日本ハウズもこれを受け入れて会社提案（第3号議案及び第4号議案）として上程する、②買収防衛策に基づく原弘産らに対する対抗措置の不発動の件は株主提案（第6号議案）として上程する、③日本ハウズは、この第6号議案に対抗する会社提案として、買収防衛策に基づく原弘産グループに対する対抗措置の発動を取締役会に委任する件（第5号議案）を上程する、④取締役2名選任の件も株主提案（第7号議案）として上程する（ただし、日本ハウズは本選任案に反対である旨の意見を付記）旨が記載されていた。

そして、本ドラフトと同内容の定時株主総会招集通知が6月6日に全株主宛に発送された。

◆株主名簿閲覧請求と委任状勧誘

上場会社の株主総会に際し、発行会社・株主にかかわらず、招集通知以外の主張をする者が、議決権行使書に優先する議決権代理行使を目的とした委任状の取得勧誘をする場合、委任状勧誘規制（金融商品取引法及び同法施行令並びに上場株式の議決権の代理行使の勧誘に関する内閣府令）に従って記載された委任状及びその参考書類を金融庁から委任された所轄財務局へ提出しなければならない。その内容に記載された事項に虚偽がある場合やその他法令違反がある場合には、処罰の対象となり得るが、単に、議決権行使促進を目的とするなど委任状勧誘を直接目的としていない場合や発行会社やその役員以外が行う10名未満の勧誘行為は、規制対象に含まれない。

このような規制のなか、4月11日、原弘産及び井上投資は、日本ハウズの株主に対して委任状勧誘を行うために、株主名簿閲覧請求をした。本請求にあたっては、取得した日本ハウズ株主に関する個人情報を委任状勧誘以外の目的には使用しない旨の誓約がされていた。

原弘産は、自己名義分10.09％と井上投資所有分6.13％を含む約77.29％の株主情報を把握していたが、それ以外の株主情報を把握しておらず、株主名簿を閲覧する必要性があったのである。

日本ハウズは、4月16日付で「①日本ハウズと原弘産とが競合関係にあること、及び②株主名簿には株主個人のプライバシー事項が記載されており、前述①のような関係があるにもかかわらず日本ハウズが株主名簿を原弘産及

び井上投資に開示した場合、株主のプライバシーに関する事項を合理的理由なく開示したことになり株主の信頼を損なうなど不測の損害を被るおそれがある」旨を理由として、株主名簿の閲覧謄写を拒絶する旨の回答を日本ハウズ代理人弁護士を通じて原弘産へ寄せた。

　4月23日、原弘産は日本ハウズを相手方として東京地方裁判所に対し株主名簿閲覧謄写仮処分命令を申し立てたが、5月15日に却下された[*16]ので、翌日付で東京高等裁判所に対して即時抗告した。

　日本ハウズは、5月28日、原弘産に対し、原弘産が日本ハウズの全株主に対して送付を希望する資料（原弘産に対する委任状用紙及び切手の貼られた返信用封筒並びに原弘産側からの参考資料を含む)を送付用封筒に封入したものを株主数に見合った分だけ用意して日本ハウズに届ければ、日本ハウズがこれに株主宛のラベルを貼り、株主名簿に記載された全株主に対して、定時総会までの間に合計2回に限り送付するとの提案をした。原弘産は6月2日に日本ハウズの上記提案を受け入れ、この合意に基づく原弘産送付希望資料の第1回送付が招集通知とともに6月6日付で行われた。同時に、日本ハウズから原弘産ら以外の株主に対する委任状送付も行われた。

　しかしながら、上記の措置は、資料送付という方法に限られているうえ、回数も2回だけであり、原弘産が株主に対して委任状勧誘を働きかける方法としては制約されており、東京高裁もこの点を認めた。

　さらに、東京高裁は、原弘産が日本ハウズと実質的に競合関係にある事業を営む者であると一応認められるものの、閲覧及び謄写の目的が委任状勧誘であると認められ、権利の濫用とみなされる事実が存在しないので、日本ハウズに閲覧及び謄写を拒む理由がないとし、6月12日、原弘産が日本ハウズの営業時間において株主名簿を閲覧または謄写することを認めた。これを受けて、日本ハウズは、原弘産に直ちに閲覧及び謄写させた[*17]。

　このように、最終的に法廷では原弘産の主張が認められたのであるが、総会直前まで約20％の株主に対して原弘産が十分なコンタクトを取れないよう抵抗しつづけた日本ハウズ側の実質的な勝利といえる。

[*16] 東京地判平20.5.15、平成20年（ヨ）20050号
[*17] 東京高判平20.6.12、平成20年（ラ）844号

◆株主総会

　株主総会までの間に、原弘産による株主等関係者対象の説明会が複数回行われ、大量取得者以外の大株主による原弘産を支持する表明、ISSなど議決権行使助言会社2社が作成した会社提案に反対するレポート等が飛び交ったが、2008年6月27日、総会検査役立会いのもとで、日本ハウズの第44期定時株主総会が開催された。

　原弘産から総会後に会社法第831条に基づく決議取消しの訴えがなされず、当日の総会運営も支障なく進められたことからすると、日本ハウズが、総会前日までに、総会検査役の立会いのもとで、原弘産が集めた委任状の有効性をあらかじめ審査・リスト化・集計し、当日の確認業務を軽減していたと考えられる。

　そして、当日の投票結果は、以下のとおりとなった。

第1号議案	剰余金処分の件⇒可決
第2号議案	定款一部変更の件（取締役解任決議要件の緩和）⇒可決
第3号議案	定款一部変更の件（防衛策にかかる規定新設）⇒否決
第4号議案	当社株式の大量取得行為に関する対応策（買収防衛策）導入の件⇒可決
第5号議案	当社買収防衛策に基づく原弘産グループに対する対抗措置の発動を当社取締役会に委任する件⇒可決
第6号議案	（株主提案）買収防衛策に基づく株式会社原弘産らに対する対抗措置不発動の件⇒否決
第7号議案	（株主提案）取締役2名選任の件⇒否決

　これにより、原弘産は公開買付を断念すると発表し、日本ハウズも、原弘産による公開買付が行われない限りにおいて株主総会で決議されたポイズンピルを発動するつもりはない旨を発表した。

◆大量取得株式の売却と新たな事業パートナーの登場

　原弘産は、日本ハウズに対して原弘産の買付提案以上の企業価値が実現されるか否かについて引き続き監視していくとしていたが、2008年10月中旬頃から、ジャスダック上場の株式会社リロ・ホールディング（以下「リロH」と

いう）が、原弘産及び井上投資並びにその他の大株主1名との間で、それらが有する日本ハウズ株式の全部（発行済株式数の約27.09％）を譲渡してもらうよう、協議・交渉を行う一方、日本ハウズに対し業務提携に関する非公式な打診を行った。そして、日本ハウズは、リロHから買付説明書等を入手して慎重に検討した結果、企業価値及び株主共同の利益の最大化に資するとの理由から、10月21日開催の取締役会において以下のとおり決議した。

① リロHとの間で業務提携に関する正式協議を開始することとし、リロHとの間で「業務提携に関する基本合意書」を締結すること
② リロHによる当社株式の取得については、本プランに基づく対抗措置の発動を行わないこと

これを受けて、原弘産及び井上投資が有する日本ハウズ株式のすべてがリロHに売却され、原弘産及び井上投資は、合計595百万円の投資有価証券売却益を得た。

さらに、日本ハウズとその筆頭株主となったリロHは、両社で統括プロジェクトチームを発足、12月25日には、以下の合意内容の業務提携契約を締結するに至った。

① リロHグループが展開する各種サービス（転勤留守宅などの賃貸管理、イベント代行サービスなど）について、日本ハウズの顧客への紹介・提供
② リロHグループのコンテンツ活用による日本ハウズの専有部分サービス「安心快適生活」の付加価値向上とサービス拡充に向けたコンテンツの共同開発
③ 両社の協業による日本ハウズの顧客への室内リフォーム事業の拡販
④ 顧客向けの広報誌制作、WEBサイト構築等におけるノウハウの相互供与
⑤ 管理員、現業員等の採用、教育、研修に関する協業・相互支援
⑥ 不動産管理におけるリロHグループの入居者紹介ネットワーク、緊急時駆け付けサービスの活用

⑦ 不動産管理における土地建物の有効活用事業の協業
⑧ 各種保険商品の活用による収益拡大に向けた協議・検討
⑨ 両社の管理ストック、会員ストックの拡大に向けた相互の営業協力・支援
⑩ 両社の事業を融合させた新商品、新サービスの研究・開発

◆防衛策の廃止

　2009年6月26日、日本ハウズは、「当社株式の大量取得行為に関する対応策（買収防衛策）の継続の件」を同日開催の第45期定時株主総会に付議するとしていたが、近時、買収防衛策に関連する制度・社会的要請が変化しているとして、本議案を取り下げる旨を総会直前に取締役会で決議し、防衛策を廃止した。

　以上のとおり、わが国の上場株式会社に対する敵対的買収については、買収防衛策を中心にグローバル・スタンダードな市場ルールが整備・確立されており、当該ルールに則って、公平公正な手続きがなされている。この点、第6章において詳述するJ-REITとは対照的である。
　ところで、わが国の不動産会社に対する敵対的な対抗公開買付の事例としては、2007年4月25日、当時ヘラクレス上場の不動産ファンド運用会社である株式会社ダヴィンチ・アドバイザーズ（現、株式会社ダヴィンチ・ホールディングス）のグループ会社が、有限会社オオタニファンドTOによる公開買付に賛同した東証1部上場不動産会社である株式会社テーオーシーに対して対抗公開買付を実施し、結果的に失敗した事例がある。このような公開買付による入札競争については、欧米では、後述する信任義務やディール・プロテクションの判例として確立されているわけだが、わが国においては、いまだ十分に法的検討がなされていない領域である。

第2章

米国の不動産会社とREITのM&Aとガバナンス

第2章　米国の不動産会社とREITのM&Aとガバナンス

2-1　内国歳入法上のREIT資格要件

　米国法人がREITとして登録するための要件は、内国歳入法（Internal Revenue Cord）第856条に定義されており、その概要は以下のとおりである。

◆組織要件
　① REITとしてファイルすること
　② 内国歳入法第897条(h)(4)(B)に定める課税可能な内国法人（法人、トラストまたは組合）であって、金融機関、保険会社に該当しない一般事業会社であること
　③ Five/Fifty Rule（ファイブ・オーバー・フィフティー・ルール）：直接間接を問わず上位5名の投資家による所有割合が50％を上回らないこと（所有比率は他人名義で株式を保有する者（Beneficially Owner）も含めて計算する）
　④ 所有する投資家が100名以上であること
　⑤ 専門知識を有する役員が1名以上で運営すること
　⑥ 株式または受益証券が譲渡可能なこと
　⑦ 事業年度は暦年であること

◆資産要件
　① 不動産関連資産（不動産、現金及び現金同等物、国債、REIT株式）が、総資産の75％以上であること
　② ①を除く有価証券が総資産の25％以下であること
　③ 課税REITや非REIT（ただし、内国歳入法第856条(1)に定める35％以上出資された「課税REIT子会社（Taxable REIT Subsidiary）」は除く）の発行する株式の所有額が、総額で総資産の20％以下であること
　④ 課税REITまたは非REIT（ただし、「課税REIT子会社」は除く）に対する1社当たりの出資額は総資産の5％以下かつ議決権の10％以下であること

◆収入要件
① 不動産関連資産からの収入が総収入の75％以上であること[*18]
② 上記不動産関連資産及び金融資産（預金、有価証券など）からの収入が総収入の95％以上であること
◆配当要件
課税年度ごとに課税所得（キャピタル・ゲインを除く）の90％以上を配当すること

2-2 REITの再編税制

　米国の企業再編について、内国歳入法は、同法第368条(a)(1)(A)に基づくA再編（合併）、同法第368条(a)(1)(B)に基づくB再編（株式交換）、同法第368条(a)(1)(C)に基づくC再編（資産譲渡または事業譲渡）を主として予定している。買収者と買収対象会社がともにREITである場合には、買収対象会社が過半数を取得した場合には、当該買収対象会社のREIT要件は維持できる[*19]。

　A再編は、株式会社とトラストが合併する場合、トラストが税制上の組合扱いになるのでそのままの組織形態では合併できず、合併前に株式会社へ組織変更する必要がある[*20]。消滅会社の株主は、消滅会社がREITであるか否かにかかわらず、消滅会社株式と引き換えに存続会社株式を受け取った場合に、交換時の売却益を繰り延べることができる。

　B再編については、買収者がREITの場合には、課税REITや非REITの10％以上の議決権を取得する場合には、買収者のREIT要件を満たすことができなくなる。これは、REITによる非REIT子会社の所有を認めると、非REIT子会社からREITへの所得移転の問題が生じる可能性があるため、REITが課税REITや非REITに対して出資できる限度比率を10％に制限しているのである[*21]。したがって、買収者たるREITは、対象が課税REITまたは非REITで

[*18] 10％以上出資所有するテナント（間接的な転貸テナントも含む）からの賃貸収益は含まれないが、「課税REIT子会社」から受け取った賃貸収益は不動産関連資産からの収入に含めることができる。
[*19] Garrigan, R. T. & J. F.C. Parsons, 1997, "Real Estate Investment Trusts: Structure, Analysis, and Strategy" Mcgraw-Hill, at 224-227
[*20] Id.
[*21] 内国歳入法第856条の資産要件、本稿2-1参照

ある場合には、100％取得して、内国歳入法第856条(i)により親会社REITと一体とみなされる「適格REIT子会社（Qualified REIT Subsidiary）」としない限り、B再編を利用するメリットは少ない。しかしながら、このような買収者のREIT要件にかかわりなく、株式交換に応じる株主については、売却益を繰り延べることができる。

C再編については、譲渡会社がREITの場合には、譲渡会社の資産売却益が非課税となるが、譲渡会社が課税REITや非REITの場合、譲渡会社の資産売却益に対して当然法人税が課税される。しかし、対価が現金でなく株式の場合には、「実質的全資産」（譲渡会社の純資産の90％以上かつ総資産の70％以上）の譲渡は、A再編と実質的に同じとみなされ、売却益の繰延べが認められる。

REITは、子会社を設立することができるが、前述の「適格REIT子会社」または「課税REIT子会社」としなければならない。

上記の課税繰延べについては、あくまで米国国内の再編に関するものであり、クロスボーダーの再編については、米国政府の歳入確保の観点から、別途制約が課されている。

2-3　REITに関するニューヨーク証券取引所規則

REITの株式も、証券取引委員会（SEC）への登録を要し、1933年証券法及び1934年証券取引所法並びに取引所規則等により規制を受けることになる。

REITが上場するためには3事業年度以上の実績が必要とされ[22]、上場審査を経て、上場することができる。特に、上場規則303Aによって、取締役会は過半数以上が独立取締役によって構成されなければならないと規定している。

REITの上場維持要件としては、上場規則802.01Aの「REIT及びLPに関する特則」において、REIT資格の維持、30営業日平均の時価総額が2,500万ドルを下回らないことが定められているが、これ以外に、事業内容に関する制限はない。

---

[22] 証券法規則S-X 3-02条が、3会計年度の開示を要求している。

このように、米国では、日本と異なり、REITに関する組織要件、収入要件、資産要件は、内国歳入法だけが規制しているのである。

2-4 REITの歴史

米国の非課税導管体を用いた不動産証券化の歴史は古く、その起源は、マサチューセッツ州においてボストンの不動産業者がコモンロー上のビジネス・トラストを組成した19世紀半ばまでにさかのぼることができる[*23]。

しかし、このようなマサチューセッツトラストは、1935年に、連邦裁判所が、法人格があるとし、非課税を否定したことにより、利用されなくなる[*24]。

その後、1960年に内国歳入法が導管性を認めるという形で、米国REITが創設され、その第1号が1961年に組成された。

当初は、証券投資信託と同様の金融商品という考え方が支配的であり、1940年連邦投資会社法と1940年連邦投資顧問業法の関係を流用する形で、内国歳入法に規定されることによってREIT制度が導入された。したがって、

図3：1960年米国REIT発足当初（トラスト形態による外部運用制度）

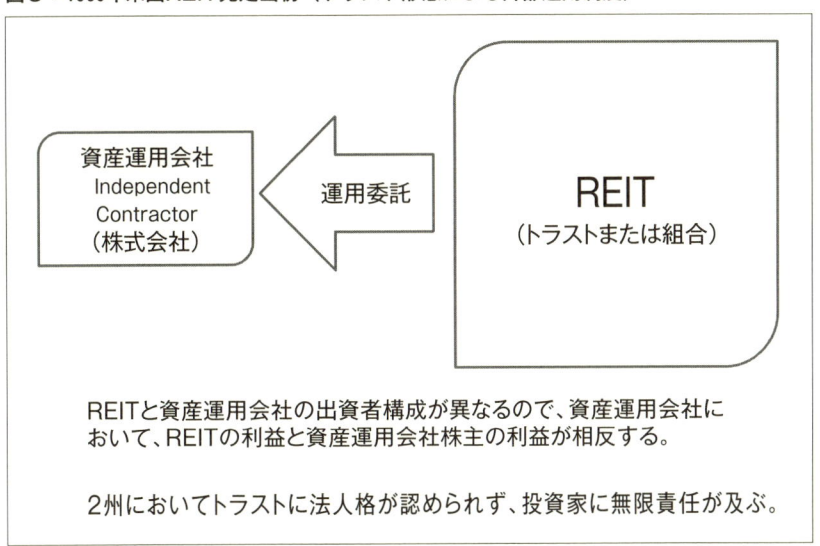

資産運用会社 Independent Contractor（株式会社） ← 運用委託 ─ REIT（トラストまたは組合）

REITと資産運用会社の出資者構成が異なるので、資産運用会社において、REITの利益と資産運用会社株主の利益が相反する。

2州においてトラストに法人格が認められず、投資家に無限責任が及ぶ。

[*23] Garrigan, supra note 19, at 35-36
[*24] Morrissey v. Commissioner, 296 U.S.344; 56S.CT289; 80L.Ed.263（U.S. 1935）

投資会社がSECに登録するのと同じく、各州法に基づき設立されたトラスト*25または組合が、REIT資格の適用を連邦歳入庁に申請し、内国歳入法の要件を満たしている場合には、導管性という税制上の特典を受けることができるREITとして登録されることになる。

このように、当初のREIT制度が、証券投資信託を参考に内国歳入法の条項が定められたため、当初のREITはあくまでもパッシブな投資ビークルとみなされ、税制適格要件としてアクティブな投資運用機能を内部に有することは許されず、インディペンデント・コントラクター（Independent Contractor. 以下「ID」という）と呼ばれる投資顧問会社が運用を受託することになった。つまり、内国歳入法は、REITについて、当初、内部運用は認めず、外部運用のみしか認めなかった。さらに、州会社法に基づく株式会社（Corporation）がREITとして登録できるようになるには、REIT制度導入から10年以上を経た1976年の税制改革を待たなければならなかった。

株式会社形態とトラスト形態の比較においては、株式会社が州会社法に基づき取締役に厳しい忠実義務と注意義務を課すのに対して、トラストは、任意に設定された信託宣言により、多くの場合、責任回避がなされたため、投資家の不満を招いた。しかも、テキサス州とカンザス州において、トラスト形態の法人格と有限責任が否定されていたことが、株式会社形態を認める最大の理由となった*26。

外部運用制度については、機関投資家側から、IDとREITとの利益相反やアカウンタビリティー（情報開示責任）の不明確さに対する不満を招いた。例えば、IDが、プロパティ・マネジメント業務を関連会社に優先的に委託するなどの利益相反がみられた*27。金融商品の運用効率という点でも、IDに対するエージェンシー・コストの肥大と非効率性が問題視されるようになり、REITの業界団体である全米REIT協会（NAREIT）が、連邦政府に対し、内部運用制度を認めるようロビー活動を行った。これに対して、連邦議会では、

---

*25 1940年投資会社法は、株式会社をビークルとしているが、REITについては、当時の不動産トラストが株式会社形態を拒んだようである。詳細は、工藤聡一、2007年『ビジネス・トラスト法の研究』信山社117頁

*26 工藤聡一、2007年『ビジネス・トラスト法の研究』信山社123頁。テキサス州では、トラスト形態がパートナーシップとみなされ、カンザス州では、トラスト形態が州憲法第12条に定める法人ではないとされ、両州とも法人格及び有限責任を否定した。

*27 Garrigan, supra note 19, at 37-39

内部運用を認めることにより、一般事業会社とREITの区別がつかなくなれば、REITが一般事業会社の「税逃れの手段」になるのではないかという懸念が指摘された[*28]。

そこで、最終的に1986年税制改革において、両派の意見を尊重し、内部運用と外部運用の選択制が導入された。

しかし、効率性を求めるREITは、当然、内部運用を選択するようになった。

さらに1992年、「UP-REIT」制度[*29]を導入したTaubman Centers, Inc.が「UP-REIT」第1号として上場した。UP-REIT制度の導入により、不動産のREITへの組込みが進んだ結果、1990年代に、REIT市場は飛躍的に成長することとなった[*30]。

市場の拡大に伴い、REIT間に格差が生じ、REIT市場が二極分化した。運用規模の大きいREITは、規模の経済性により、より効率性の高いエージェン

図4：1986年以降の米国REIT制度（株式会社化と内部運用化）

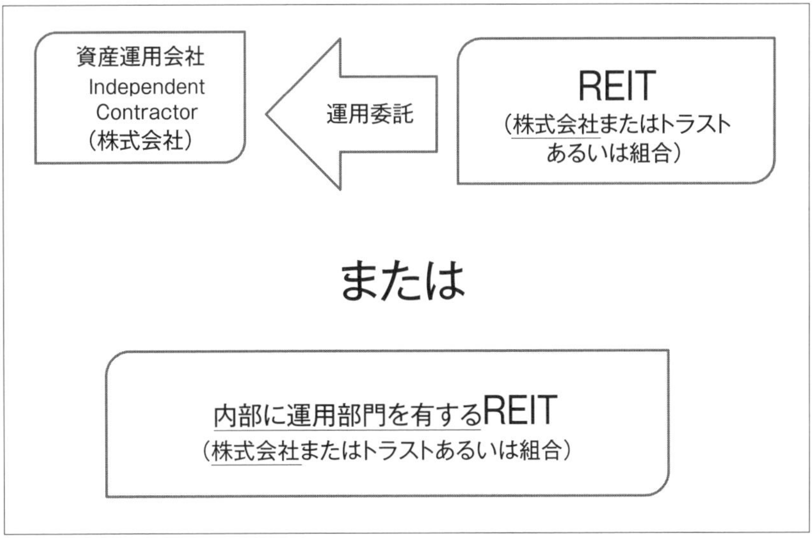

```
┌─────────────────────────────────────────────────────┐
│  資産運用会社                                         │
│  Independent         ←運用委託─    REIT               │
│  Contractor                      （株式会社またはトラスト │
│  （株式会社）                        あるいは組合）       │
│                                                      │
│                  または                                │
│                                                      │
│          内部に運用部門を有するREIT                     │
│        （株式会社またはトラストあるいは組合）             │
└─────────────────────────────────────────────────────┘
```

[*28] Id.
[*29] 所有者が不動産をREITに組み込む場合に、そこで発生する売却益に対する課税を、REITが実際に当該不動産を売却するまで繰り延べる制度。REITの保有資産とUP-REIT対象資産を区別するため、REIT自身ではなく、REITがゼネラルマネージャーを務めるパートナーシップが当該不動産を取得する。
[*30] Einhorn, D. M., A. O. Emmerich & R. Panovka, 2006, "REITs: Mergers and Acquisitions" Law Jour. Press, at §1.02

シー・コストを実現し、金融商品としての競争優位性を高めていったが、小規模のREITは、効率性を高めることができず、規模の経済性確保のために、M&Aを検討しなければならなくなった[*31]。

かくして、1990年代は、不動産の株式会社化（Corporatization）と証券化の時代であったが、2000年代には、REIT再編の時代が到来した。現在、NAREIT Indexを構成する公開REITが約200社、ニューヨーク証券取引所に上場するREITが160社もあるということから考えると、再編の波は、今後大きくなることが考えられる[*32]。

このようなREITセクターにおける再編圧力は、友好的合併に加えて、敵対的買収をもたらすようになった。

2-5 REITの証券投資信託と異なる特性

証券投資信託と不動産投資信託の決定的な違いは、証券の代替性と可分性、不動産の非代替性と不可分性に起因している。つまり、証券投資信託のポートフォリオは複製可能であるが、不動産投資信託のポートフォリオは複製することができない。それゆえ、不動産投資信託を買収しようと考える者が出現し、M＆Aが行われるのである。

また、証券投資信託については、購入した証券に対して手をかける必要はないが、不動産投資信託の場合、手をかけなければ、建物が荒廃し、空室率が高まり、収益性が著しく損なわれる。つまり、不動産投資信託については、ファンドマネジメント業務やアセットマネジメント業務だけでなく、プロパティ・マネジメント業務が必要であり、日常的に労働集約的なオペレーションが要求される。

一方、REITは、流動性が低い不動産を投資対象とするため、運用満期がないクローズド・エンドのファンドが主流である。したがって、ゴーイング・コンサーンを前提とした株式会社に近い存在である。

証券投資信託の再編は、投資顧問業法に基づく登録を受けた資産運用会社

[*31] Brent W. Ambrose "Economies of Scale: The Case of REITs"（Real Estate Research Institute 2000）
[*32] Einhorn, D. M., A. O. Emmerich, Robin Panovka, William Savitt & David B. Silva "Hostile Takeovers of REITs"（The Wharton Real Estate Rev. 2006）, at 2

のM&Aによって実現される。証券投資信託における再編メリットは、規模の経済性による投資運用コストの削減である。特に、実証研究により、パッシブ運用（インディクス運用）に対するアクティブ運用の優位性が否定されるようになってからは、コンピュータ制御による運用が主流となり、①システムの投資またはランニングコストの削減効果を大きくするために、ファンドの規模を大きくしようとするインセンティブが業界に働いたこと、②独立系運用会社の運用資産に対するコストが高く、競争力が低下し淘汰されていったこと、③金融業界の再編の大きな流れの中で、大手金融機関傘下の資産運用会社の再編がもたらされたことによる[33]。

これに対して、不動産投資信託の再編は、以下に述べるように、買収側、被買収側のそれぞれが証券投資信託とやや異なる理由を動機として行っている[34]。

◆買収側・被買収側共通の動機
① 流動性の観点から時価総額の大きい銘柄ほど機関投資家からの買いが入りやすい。
② 資産規模の増大に伴って資産総額に占める運用コストを減少させたい。
◆買収側の動機
① 個々に資産購入するよりはREITごとバルクで購入したほうが、効率が良い。
② 自らが有する非上場REITを合併させるなどして上場させたい。
◆被買収側の動機
物件取得能力などに問題を抱え、成長性が確保できていない。

このような証券投資信託と不動産投資信託の再編動機の違いも、結局のところ、証券ポートフォリオは複製可能であるが、不動産ポートフォリオは複製できないことに起因しているのである。

---

[33] Quirk K. P., 2004「成功する資産運用会社の経営～米国からの視点」『資産運用会社の経営戦略』日本証券アナリスト協会 1-12頁
[34] 木浦尊之、宮澤史江、2006年「米国REIT市場におけるM&Aトレンド」不動産証券化ジャーナル2006年11-12月号57頁

2-6　不動産会社とREITのM&Aルール

　REITのM&Aルールは、一般の不動産会社を含む全産業の株式会社に適用される「一般ルール」とREITが内国歳入法に規制されていることによって生ずる「REIT特有のルール」から構成されている。米国の判例では、REITの形態が株式会社であろうがトラストであろうが、かかわりなく同じルールが適用される。

◆2-6-1　買収防衛に関する一般ルール

　全産業共通の買収防衛に関する「一般ルール」が、REITに対して適用された判例について、以下のとおり検討してみることにしよう。

【サイモン・プロパティ・グループ対タウブマン・センターズ判決】
(Simon Property Group, Inc. v. Taubman Centers, Inc., and Lionel Z. Glancy v. Robert S. Taubman, 261 F. Supp.2d 919 (U. S. Dist. 2003))

　REITであるSimon Property Group, Inc.（以下「Simon」という）は、2002年11月15日にREITであるTaubman Centers, Inc.（以下「Taubman」という）の普通株式の取得を開始し、その後買い増した。

　2002年12月5日、Simonは1株当たり18ドルでTaubman株式の公開買付を実施したが、Taubman取締役会は、当該公開買付に応じないよう株主に勧めることを満場一致で決議し、2002年12月11日にスケジュール14D-9をSECにファイルした。さらに、Taubman取締役会は、Taubmanの附属定款を修正し、（経営者一族の議決権行使が可能になるよう）ミシガン支配株式法の適用を除外する旨と（主として買収者の委任状勧誘の取消し時間を確保するために）株主総会の日程を遅らせる旨を定めた。

　2003年1月15日、Simonとその共同買付者は、Taubman発行済普通株式の84.5％を1株当たり20ドルの現金で買付けする旨を発表した。

　しかしながら、Taubman取締役会は、「経営陣一族が有する優先株式の議決権を考慮した場合、Simonの取得予定株数は、全発行済株式の52％にすぎず、Taubmanの買収合意または定款修正に必要とされる3分の2に達して

いない」と主張した。

　Simonは、自らの買収提案に対するTaubman取締役会の対応が妥当でないと疑っていた。Taubman取締役会が、買付価格が支払可能であったか、また、会社が売りに出されている状態ではないと宣言すべきかどうか、まったく議論していなかったからである。

　Simonは、Simonによる公開買付期間中のTaubmanの行為について信任義務違反を主張して、連邦地方裁判所に提訴した。

　このような株主議決権の妨害、注意義務違反もしくは忠実義務違反は、連邦法によって対処すべきではなく、あくまでも州会社法の問題である。

　そこで、法廷は、ミシガン州会社法判例の欠如により、デラウェア州会社法判例を引用した*35。

　Simonが、Taubmanの信任義務違反を主張するためには、次の3つのレベルの法的審査がある。

---

① 経営判断の原則（The Business Judgment Rule）*36
② ユノカル基準（The Unocal Standard）*37
③ 完全な公正基準（The Entire Fairness Analysis）

　取締役会が、ユノカル基準の下にその責任を果たすことができないとき、または、経営判断の原則の前提が覆されるとき*38のみ、完全な公正基準が適用される。

　経営判断の原則は、経営者が情報に基づいて真に最善かつ最大利益を確信して経営的意思決定をしているとの推定である*39。

　取締役会の行動について前提を覆す事実を立証する責任は、責任を追及する側にある。立証が覆されなければ、法廷は「取締役会の決定は事業目的に

---

*35 全米で最も会社法の判例蓄積がされているのは、米国東部のデラウェア州であるので、他の州がこれを引用する場合が多い。
*36 Unitrin, Inc. v. American General Corp., 651 A. 2d 1361（Del. 1995）
*37 Unocal Corp. v. Mesa Petroleum Co., 493 A. 2d 946（Del. 1985）
*38 取締役会や経営陣が忠実義務に反したり、悪意で実行した場合など利益相反が疑われる行為を審査する必要があるときのことをいう。
*39 Smith v. Van Gorkom, 488 A.2D 858（Del. 1985）& Anderson v. Lewis 473 A.2D 805（Del. 1984）
　両判決において、取締役は、意思決定を行う前に合理的に取得可能なすべての重要情報を取得しておかなければならないとする。

即して合理的であった」と推定するので、Simonの主張は認められない。

経営判断の原則は、伝統的に、運営上の問題を含む経営結果から生じる個人的責任追及から取締役を保護するために設けられている。

しかしながら、取締役会による無知、もしくは、無分別な決定が本来不条理であると考えられるならば、そのような決定は、経営判断の原則によって保護されない*40。

ユノカル基準は、会社が、詮索された脅威に対して防衛策を講じるときに、適用される*41。

この基準の適用は、取締役会が経営判断の原則の保護を要求し得る前に満足していなければならない。

取締役会が、正当な株主議決権の行使を禁止または制限するためには、以下の2つのテストをクリアしなければならない。

---

① 合理性テスト
　取締役会が企業方針及び効率性に対する脅威が存在したと考え得る正当な理由があったとの論証を満足しているか。
② 衡平性テスト
　取締役会の防衛策が脅威に対して適切かつ妥当であったとの論証を満足しているか。

ユノカル基準の下での合理性テストは、最初に脅威の性質が明らかに確認されることを必要とする。

脅威に関する3つのカテゴリーとは、次のものである。

---

① 敵対的公開買付が、経営陣やその他買収者による代替提案の選択機会をターゲットの株主から奪うことによって生じる機会損失
② 構造上の威圧（買収に応じない株主に対する差別という株主の応札意思決定を歪めるであろうリスク）
③ 実体的威圧（経営陣が提示する真正価格を信じないで、株主がより低い

---

*40 NCR Corp. v. American Telephone and Telegraph Co., 761 F. Supp.475, 491 (S. D. OH. 1991)
*41 ユノカル判決では、取締役会が脅威を認識した場合には、その脅威から会社を防衛する権限と義務があるのみならず、かかる義務を履行するにあたっては、株主を差別的に取り扱うことさえ許されると判示している。

提示価格の買付けを誤って受け入れてしまうリスク）

同じく、現金による全株取得を目的とした買付けであっても、不十分な価格の提示は、法的に脅威とみなし得る*42。

衡平性テストについては、取締役会が第三者による望ましくない公開買付または買収提案に反対することを許しているが、厳密にはあらゆる脅威に対して自由な裁量権が認められているわけではない。

排他的で威圧的な防御策は、認められるべきでない。

法廷は、取締役が完璧とまではいわなくても適切な決定を行ったか否かについて審査する前に、ユノカル基準を適用すべきである。

取締役会がいくつかの適切な選択肢のうちの1つを選択したならば、その決定に疑惑を投げ掛けるかもしれない別の方法があったとしても、法廷はその方法をとるべきであったと推測するべきでない。

このように、法廷は、取締役に代わって経営判断を下すことはない。しかし、法廷は、取締役の決定が結局一連の合理性の中で行われているかを判断することはできる。

防御策が排他的かつ強制的でないならば、法廷は、防衛策が合理性の範囲内であるかどうかを判断すべきである。

もし防衛策が合理性の範囲内であるならば、経営判断の原則が、適用される。

主として株主議決権を妨害することを意図して取締役会が導入した防衛策（例えば、買収者による取締役選任要求を妨害するための取締役の増員等）は、たとえ、それらの行動が誠実であったとしても、（忠実義務違反であるから）経営判断の原則によって保護されない。これを「ブラシウス基準」という*43。

取締役会は、まず正当性を立証しなければならない。

デラウェア州法廷は、特定の人物やグループが、支配権を維持または獲得するために新株を発行することについて、不適切であると判示した*44。

防御策が、株主議決権の効力を妨げることを目的としている場合、ブラシ

---

*42 Paramount Communications, Inc. v. Time, Inc., 571 A. 2d 1140, 1153 (Del. 1990)
*43 Blasius Industries, Inc. v. Atlas Corp., 564 A. 2d 651, 660-661 (Del. 1988)
*44 Condec Corp. v. Lunkenheimer Co., 43 Del.Ch.353, 230 A. 2d 769, 775 (Del. 1967)

ウス基準とユノカル基準が適用される可能性が高まる。

　そのような精査の下で、取締役会は、正当性（例えば、買収者による取締役選任要求を妨害してまで取締役増員を図る正当性）があることをまず立証しなければならない[*45]。そして、立証されれば、法廷は、取締役会の行動が妥当で衡平であったかどうかを検討することになる。

　しかし、Taubmanは、自らの行為を正当化できる証拠を提出できなかったので、①附属定款変更のタイミング、②公開買付に対するTaubman一族及び取締役会の反対声明、③Taubmanの行為に関する説明の欠如から判断すると、Taubmanの行為は、株主の議決権行使をさらに困難にすることが主たる目的であったと結論づけることができる。

　したがって、取締役会は、その行為が株主議決権を妨害することを意図していないという立証責任であるブラシウス基準をクリアすることができないので、法廷は、ユノカル基準に基づく分析をするまでもなく、信任義務違反とみなす。

　こうして法廷は、2002年12月20日にTaubman取締役会が附属定款を修正した際に信任義務違反をしたというSimonの主張を認めた。

　次に、ミシガン州会社法A 450.1790は、反買収法のうち支配株式法（Control Share Act）と定義できる。ここでいう支配株式は、3分の1以上（州によって20％、50％など違いがある）の議決権を有するに至った個人またはグループが取得した株式のことである。支配株式の取得は、直接間接を問わず、所有権と議決権の取得と定義される。

　支配株式を取得した株主は、その者以外の株主の過半数が賛成しない限り、支配株式にかかる議決権行使が認められない。

　ミシガン州の反買収法は、インディアナ州の反買収法を参考としており、合憲性が連邦最高裁判所によって認められているものである。したがって、ミシガン州裁判所及び連邦裁判所は、インディアナ州法の判例を参考として検討した結果、1998年に独立性が確保されたTaubmanの特別委員会の意思決定により、経営者一族へ発行された優先株式は、支配株式法でいうところ

[*45] 強要正当化基準という。
　MM Companies v. Liquid Audio, Inc., 813 A. 2d 1118, 1131 (Del. 2003)

の支配株式の取得にはあたらないとの判断を下した。

経営者一族の議決権が認められた結果、Simonの請求は最終的に退けられ、公開買付は失敗に終わった。

このように、本判決では、買収防衛策としての優先株式の有効性を認めているが、米国市場においては、一般的に、ガバナンスを歪めるタイプの優先株式は、株主を不公平に取り扱うものとして、ネガティブに評価されている[46]。

また、判例で引用された経営者の信任義務違反を主張するための3つのレベルの法的審査の関係については、経営判断の原則が非常に寛容な基準であるのに対して、完全な公正基準は厳格な基準であり、これら両極端の基準を調整する中間的な基準がユノカル基準であるといえよう。

◆ 2-6-2　一般ルールとポイズンピル条項

ポイズンピルは、1982年にマーチン・リプトン（Martin Lipton）が開発した[47]。当初開発されたポイズンピルは、フリップオーバー型と呼ばれるもので、被買収会社が合併により消滅する場合に存続会社の株式を有利に取得することができるというものであった。

モラン対ハウスホールド・インターナショナル判決[48]によって、①実際に敵対的買収提案があってから買収提案者が限界の割合を超えて株式を取得した場合にライツプラン（ポイズンピル）が発動するもの、②取締役会がライツプランの消却を拒否した場合、その判断にかかる信任義務がユノカル基準によって判断し得ること、③買収者が現取締役会の構成員を入れ替えることを阻害する条項がライツプランに含まれていないことという条件を満たせば、かかる平時導入ライツプランは有効であると判示し、ライツプラン導入の基準が明確になった。

しかし、1985年にSir James GoldsmithがCrown Zellerback Co.を買収した後に、合併せずに、取得した被買収会社株式と被買収会社が有するクラウン

---

[46] Keenan, C., 2007, "Pillars of Good Governance" (NAREIT)
　　http://www.nareit.com/portfoliomag/07julaug/feat5.shtml
[47] Lipton, M., 2002「ポイズンピル、投票、そして教授達―再論」商事法務1641号70-80頁,1643号26-38頁,1644号23-32頁
[48] Moran v. Household International, Inc., 500A2d1346 (Del. 1985)

ジュエル（重要資産）を交換したため、フリップオーバー型ポイズンピルの有効性が否定された。そこで、新しいライツプランとして、今日でも用いられている買収者の権利行使制限条項付新株予約権を全株主に割り当てるフリップイン型ポイズンピルが開発された[*49]。さらには、敵対的買収者等を差別的に取り扱うことを法的に認める差別的行使条件許容法（Poisonpill Endorsement Statutes）が、ニューヨーク州をはじめとする30州以上で制定されたため、ライツプランは広く普及した。

このように取締役会がポイズンピルを導入することが許されるかどうかという問題が解決されると、ポイズンピルの消却の基準が問題となった。委任状争奪戦に勝利した買収者がポイズンピルを消却することを妨げるポイズンピルは、いずれも法廷で否定された。つまり、消却を不可能とするデッドハンド型ポイズンピルはカーモディー対トール・ブラザーズ判決[*50]において、消却することに時間を要するスローハンド型ポイズンピルはメントル・グラフィックス対クイックターン・デザインシステムズ判決[*51]においてそれぞれ否定された。また、ポイズンピルの発動（新株予約権の割当て）についても、経営判断の原則は適用されず、ユノカル基準または完全な公正基準が適用されることになる。

したがって、その発動についても、会社や経営陣と利害関係のない第三者または独立取締役から構成される特別委員会が判断するということが一般的である。

このように全産業レベルで形成されたポイズンピル条項に関するルールは、上場するすべての不動産会社とREITに対して、当然適用されるのである。

2-7 REIT特有のM&Aルール

買収者は、株主共通の利益を高める買収提案をしなければならない。買収者は、M&Aにより、主として運用コストに関する規模の経済性を確保できるほか、投資対象不動産の種類または地域の分散化が可能になる。米国では、

[*49] 家田崇、2003年「新株予約権を敵対的防衛策として発行することの可否」名商大総合経営・経営情報学論集47巻2号29-49頁
[*50] Carmody v. Toll Brothers 723A2 D1180 (Del.Ch. 1998)
[*51] Mentor Graphics Corp. v. Quickturn Design Systems, Inc., 728A2 D25 (Del.Ch. 1998)

特に、規模の経済性の追求による運用コストの削減が志向されており、REITという金融商品の競争力を高めることに寄与している。しかしながら、このような内部成長については限界があり、資産増加などによる外部成長について具体的提案が要求される場合がある。

さらに、米国のREIT買収については、一般会社にはない次のようなハードルがある。

つまり、買収者がREITでない場合には、買収後に対象REITのREIT資格を維持できなくなる可能性があり、税負担を上回る価値を創造する提案をしなければならない。

また、これに対抗する対象REITは、買収防衛策として、附属定款または信託宣言にREIT資格を維持するための各種条項を定めている。

買収側が税負担を上回る提案をすることは、極めて困難であることから、全株式取得を前提とした買収スキームを検討する必要がある。

以下、本章において議論の混乱を避けるために、トラストのユニットを株式、ユニットホルダーを株主と読み替えて検討を進める。

2-8 REITの買収防衛策

◆2-8-1 REITの所有制限条項と超過株式条項

まず、内国歳入法第542条(a)(2)において、同族会社（Personal Holding Company）の判定基準が定められている。特に、「Five/Fifty Rule」と呼ばれる基準が重要である。つまり、50％超の株式が5人以上の株主に所有されている場合には同族会社とみなすというものである。

"Five/Fifty Rule"には、普通株式だけでなく、優先株式も含まれる。

REITとしての資格を維持するためには、同族会社基準に抵触しないことが要求される。

そこで、REITは、附属定款または信託宣言において、所有制限条項（Ownership Limitation Provision）と超過株式条項（Excess Share Provision）を設定する。

所有制限条項の所有制限は、内国歳入法の"Five/Fifty Rule"に抵触しないことを目的としていることから、50％から5を除してさらに余裕を確保す

るために、通常9.8％に設定されることが多い。

　しかし、当初から9.8％を超える株主がいる場合には、より低い所有制限（例えば5％や7％）が設定される場合がある。

　さらに、買収者等の定義を税法上の定義ではなく、1934年証券取引所法第13条(d)(3)に定義される「集団」としたり、強圧的買収を制限する条項もみられる一方で、REIT資格が脅かされない場合や買収が強圧的でない場合など、取締役会が所有制限条項の適用を免除したり、制限を緩和する条項を付している場合がある*52。

　なお、内国歳入法第856条(h)(3)により修正された同法第542条は、IPOのときに投資銀行が引き受ける場合と実質的に所有が分散された年金が保有する場合は、"Five/Fifty Rule"の適用除外としている。

　内国歳入法第856条(a)(2)や財務省規則（Treasury Regulation）1.856-1(d)(2)は譲渡制限を禁止しており、ニューヨーク証券取引所も、上場REITは所有制限を超過したとしても、その譲渡取引を制限してはならないと規定している。これに対して、NASDAQでは、REITの株式について、3.9％以上の所有制限、100万ドル以上の投資制限をしていた*53が、このような保護のないニューヨーク証券取引所上場REITは、所有制限を超過した株式に対処するため超過株式条項を定めて対処するようになった。

　超過株式条項は、所有制限条項に定める制限を超過した株式を別の種類株式（議決権を認めないタイプ、配当の受取りができなくなるタイプ、これらを組み合わせたタイプ、チャリタブルトラストの受益者によって所有されるタイプ、プレミアムなしで買い戻されるタイプ）に転換する旨を定めている*54。

　ウィリアム・キング（William B. King）は、「取締役会は、REITの地位を守ることも重要であるが、全株主が公開買付のプレミアムを享受できるようにすることにも配慮すべきである」と述べている*55。

　もちろん、前記のような条項を設定した場合については、事前周知という

---

*52 Einhorn, supla note 30, at §2.03[2]&§7.03
*53 現在、NASDAQ上場規則において、かかる制限は撤廃されている。
*54 Garrigan, supla note 19, at 51-53
*55 Id.

点で開示も重要となる。

　以下、所有制限条項及び超過株式条項に関する2つの判例を具体的に検討することにする。これら条項の設定は、役員の権限で行うことができるのか、株主の判断によるべきなのかという問題について、裁判所は、「原則として株主にある」としながらも、「現にREIT資格を失うことが"確実"な場合には、株主に承認を求めるまでもない」と判断する一方で、「"不確実"な場合には、役員が株主からの授権範囲を超えて、株式譲渡を制限することはできない」とした。

【パシフィック・リアルティ・トラスト対APCインベストメンツ判決】

(Pacific Realty Trust v. APC Investments, Inc., 59 Ore. App. 425, 651 P. 2d 163 (Or. App. 1982))

　1981年11月2日に、非REITであるAPC Investments, Inc.（以下「APCI」という）は、REITであるPacific Realty Trust（以下「Pacific」という）の株式につき取得株数を最大454,000株（最大55％）とする公開買付を開始した。そのとき、APCIは、本公開買付において、「PacificがREITとしての資格を得るための規則を遵守しているにもかかわらず、買付人（会社合併もしくは同様の結合を提案する買収者またはAPCIの子会社または関連会社のどちらも含む）は、公開買付を完了して、PacificのREITとしての地位を失わせる可能性がある」旨を開示していた。

　1981年11月8日にPacificの役員会は、"Five/Fifty Rule"を満たすために、「何人も直接または間接を問わず、発行済株式総数の9.8％までしか株式を所有することができない」とする新しい附属定款9章を満場一致で採用した。

◆附属定款9章2条：制限
いかなる者も9.8％以上の株式を所有してはならない。
本章において、いかなる者も、内国歳入法第542条(a)(2)及び同法第544条の目的のために株式を所有しているものとみなし、かつ、その所有株式には、直接的所有分のみならず転換社債などを通じた間接的所有分を含めるものとする。本条が適用される者が所有する転換社債の転換可能株

> 式は、発行済株式（Outstanding Shares）として扱われるものとする。
> 上記のいかなる者には法人も含まれるものとする。

　1981年11月9日、Pacific及び2名の主要株主は、9.8％を超過するAPCIの買収を差し止めるべくオレゴン州地方裁判所へ提訴した。

　地方裁判所は、「株主の承認を得たものではないとしても、信託宣言が目的とする税制特典（導管性）の維持を達成するためのものであれば、役員の権限において所有制限条項を設定することは合法である」とし、附属定款は正当に成立していると判示した。しかしながら、かかる条項によってAPCIの公開買付を禁止することまではできないとした。

　APCIは、地方裁判所の決定を不服として同州巡回上訴裁判所に上訴し、Pacificも公開買付を差し止めなかった地方裁判所の命令を不服として上訴した。本件はこれらを受けたオレゴン州巡回上訴裁判所による上訴審である。

　まず、巡回上訴裁判所は、審議なく、公開買付の差止め命令を拒絶する地方裁判所の立場を支持した。

　次に、附属定款の有効性について決定を出すにあたり重視することは、Pacificの役員が附属定款あるいはより厳しくいうならば信託宣言によって譲渡制限を合法的に採用したかどうかである。

　トラストの役員の権限は、信託宣言の規定によって定められ制限されるというのが一般原則である[*56]。

　巡回上訴裁判所は、将来の可能性に基づいて裁判所は判断すべきではないという前提のもとに、「現に9.8％を上回ったとしても、それだけでは"Five/Fifty Rule"に抵触していない状況下」では、"Five/Fifty Rule"を基準とした所有制限を規定した信託宣言を超えて、役員が、1人当たり株式数量を基準とした包括的制限（9.8％）を附属定款に定めることは認められず、附属定款9章は無効であるとして、それを有効とした地方裁判所の決定を覆した。

　このように本判決によって、役員は、株主からの授権範囲内でのみ、株主が有する株式譲渡の自由を制限することができることが明らかにされたた

[*56] Savit v. Chicago Title & Trust Co., 329 Ill App 277, 68 NE2d 472 (Il. 1946)

め、その後に設立または上場されたREITは、あらかじめ株主承認を受けて大株主の所有状況に応じた任意の所有制限を附属定款に定めるようになった。

　なお、本公開買付については、別の角度から連邦巡回控訴裁判所でも争われた。原告Pacificは、被告APCIの公開買付に関する情報開示が不適切なため、公開買付の差止め命令を求める訴訟を連邦巡回控訴裁判所へ提起した[*57]。

　連邦巡回控訴裁判所は、州裁判所の姿勢を支持しつつ、APCIによる公開買付は、①APCIの財政状態（支払能力）、②過去の公開買付実績、③利益相反の可能性、④税制特典（導管性）の喪失の可能性について適切な開示をしておらず、投資家保護の観点から、1934年証券法第14条(e)並びに1968年修正ウィリアムズ法第15条u、同法第78条n(e)に規定する情報開示が十分になされていないとして、公開買付を差し止められるべきとした。

【サンフランシスコ・リアル・エステイト・インベスターズ対リアル・エステイト・インベストメント・トラスト・オブ・アメリカ判決】

(San Francisco Real Estate Investors v. Real Estate Investment Trust of America, 701 F.2d 1000 (U.S. App.1983))

　本判決の当事者は、原告、被告ともにREITである。原告San Francisco Real Estate Investors（以下「SFREI」という）は、1982年10月28日に、被告Real Estate Investment Trust of America（以下「REITA」という）の株式の34％を市場価格よりも約9ドル高い1株当たり40ドルで公開買付した。本公開買付が成功すればSFREIは、その関係者の保有する株式を含めREITAの発行済株式の51％を取得することとなり、REITAの支配権を握ることができるというものである。

　しかしながら、SFREIが市場における買占めを始めた3日後に、REITAの役員は、REIT資格の維持を目的とした所有制限条項（9.8％以上の保有禁止、役員会による適用除外）と超過株式条項（超過株式にかかる議決権と配当受

[*57] Pacific Realty Trust v. APC Investments, Inc., 685 F. 2d 1083 (U. S. App. 1982)

領権の制限、ただし、超過が解消された場合には累積留保した配当が支払われる）を規定すべく附属定款の変更を行った。

　SFREIは、かかる定款変更の無効を主張して、連邦巡回控訴裁判所に提起した。

　連邦巡回控訴裁判所は、SFREIの訴えに対して、「REITAの経営陣交代と税制特典喪失による株主の修復しがたい損害を指摘したうえで、REITAの役員が行った附属定款変更は、パシフィック・リアルティ・トラスト対APCインベストメンツ判決*58と同様、株主の承認を得ていないものではあるが、役員が株主の損失回避のために緊急な対応を迫られた結果であり、また、その変更された内容は一般的であって、公開買付の可能性を完全に排除するものではない」とし、附属定款変更の正当性を認めた。

　また、SFREIによる公開買付についても、「投資家に対して、買付け後の計画、支配権やREIT資格の問題、不動産の本質的価値（SFREIは本質的価値を1株当たり63ドル以上と見積もっていた）に関する適切な情報開示がされていないことはウィリアムズ法違反である」として、SFREIの公開買付は差し止められるべきであるとした。

　しかしながら、買収者の提案が、買収対象会社の経営陣がREIT資格維持を前提とした利益計画をも上回る利益計画である場合には、所有制限条項等は適用すべきではなく、適用除外を決議すべきである。利益計画の比較検討については、取締役会が実施すべきではなく、独立取締役や独立した第三者専門家等から構成される独立委員会による審議を経るべきであろう。

　このように、部分的買付の場合には、株主共通の利益といえる税制特典の維持を買収対象会社が主張することについては、相当の合理性がある。しかしながら、全株取得を目的とした公開買付の場合はどのようになるのであろうか。

　1996年にREITであるManufactured Home Communities, Inc.（以下「MHC」という）は、REITであるChateau Properties, Inc.（以下「Chateau」という）の全株取得を目指した敵対的公開買付を実施した。これを受けてChateau

---

*58 Pacific Realty Trust v. APC Investments, Inc., 59 Ore. App. 425, 651 P. 2d 163 (Or. App. 1982)

は、「MHCが所有制限条項と超過株式条項に違反していること、所有制限条項と超過株式条項の適用除外を取締役会が承認していないこと」を理由として、裁判所に公開買付の差止めを求めた。本件は、和解により最終判断がなされることはなかったが、所有制限条項と超過株式条項が、全株取得を目的とした公開買付に対して、有効に機能するかどうかを議論する機会を与え、これ以降、現金による全株取得を要求する条項もみられるようになった[*59]。

　筆者の見解では、第3章で述べる英国と同様、全株取得を目的とした公開買付については、公正価格による現金買付であるならば、もはや買付け後のREIT資格の維持を議論する余地はないと考える。

◆2-8-2　REITの所有制限条項とポイズンピル条項

　1980年代後半になると、一般の株式会社におけるポイズンピルの導入が進み、各州裁判所もこれを認めたため、所有制限条項と組み合わせてポイズンピルを導入するREITが増加した[*60]。

　これまでの所有制限条項や超過株式条項による買収防衛策に比べ、ポイズンピルは、①買収者の所有比率を減少させることができること、②買収者等に限定して、より強力な希薄化によるダメージを与えることができること、③発動については、取締役会決議により機動的に行うことができること、④発動を先延ばしできる等の柔軟性があること、⑤株式の譲渡制限が生じないこと等の優位性が認められた[*61]。

　REITのポイズンピルが発動された場合、買収者に生じる損失は、通常のキャピタル・ロスだけでなく、一般会社よりも配当性向が高いREIT固有のインカム・ロスが生じるため、買収者は、ポイズンピルが未導入のREITをターゲットにするか、ポイズンピルが導入されている場合にはターゲットの経営陣との事前交渉に臨むことになる。

　したがって、米国REITの場合、ポイズンピルが導入されていると経営陣と買収者側の交渉による合意が多くなるため、おのずと経営陣が反対の意見表

[*59] Einhorn, supra note 30, at §7.02
[*60] Lawrance, D. S., 2002, "An Examination of Agency Costs: The Case of REITs" at 63
[*61] Einhorn, supra note 30, at §7.04

明をする敵対的買収は少なくなる。また、仮に、敵対的買収が強行された場合でも、失敗に終わることが多い＊62。

しかも、所有制限条項及び超過株式条項並びにポイズンピル条項の３条項を併用した場合には、相当強力な買収防衛策となる。当然、過剰防衛とみなされる防衛策は否定されることになるが、REITのポイズンピルが、一般会社のそれよりも、非常に強力であることを鑑みると、過剰にならないようにする配慮が特に必要である。

それでは、具体的にREITに導入されるポイズンピル条項の仕組みについて、簡単に考察することにする＊63。

一般的な新株予約権の付与は、結果的に買収者等が発行済株式の15％以上を取得する公開買付を実施する旨の発表後10日目が付与日となる。したがって、買収者等が"Five/Fifty Rule"や所有制限条項を大幅に超える公開買付を発表することが、本プラン発動の「引き金」となる。

１個当たりの新株予約権は0.1ドル、権利行使価格は、付与時の市場価格の３分の２から２分の１の水準に設定される。したがって、権利行使価格が低く設定されているので、買収者等に、多大なキャピタル・ロスとインカム・ロスを与えることが可能になる。

買収者等への悪影響が甚大であることを配慮して、新株予約権の付与後、権利行使期間前に、買収者等が株式譲渡などにより所有制限条項に定める比率以下に所有比率を低下させれば、新株予約権の行使を認めるという「逃げ道」も用意されている。

内国歳入庁は、財務省規則90-11において、内国歳入法上ポイズンピルの付与については非課税であると規定したが、それを補足する説明や分析がないので、課税の取扱いが不明である。

また、権利行使により株式を発行することが配当とみなされた場合、REIT資格要件であるすべての株主への配当でないと当局から判断される可能性があるが、それについても取扱いが不明である。

このように、米国においてすら、新株予約権行使に至るケースがないため、

＊62 Einhorn, supra note 30 at §7.04
＊63 Id.

課税上の取扱いが不明である点は、日本と同じである。

　以下では、具体的に、このようなポイズンピル条項の存在によって、敵対的買収を友好的買収に転換できた事例を紹介する。

【シャーガード・ストレージ・センターズのポイズンピル】
　(Poison Pill of Shurgard Storage Centers, Inc. (2006))
　倉庫REITであるShurgard Storage Centers, Inc.（以下「Shurgard」という）に対する同業REITのPublic Storage, Inc.（以下「Public Storage」という）による敵対的買収は、2000年に失敗したものの、2005年の再挑戦によって、ようやく成功した。
　つまり、2005年8月1日にPublic Storageは、Shurgardの株式について、14％のプレミアムをつけて約23億9000万ドルの敵対的公開買付を開始した。Public Storageは、両社が合併すれば、経営効率化により約2000万ドルの重複コスト（販売管理費や借入利息など）の削減ができると主張した。しかも、新合併会社は、国内38州と海外7カ国、2000カ所以上（1億2800万平方フィート以上）を所有し、15億ドルの収入を計上することになり、「株主、顧客、従業員展望のいずれからみても会社の価値が増加するであろう」と述べた[64]。これに対して、Shurgard創業者は、「この提案はPublic Storageにとって良いものだが、Shurgardにとって良くはない……Shurgardは売りに出ていない」と当該買収提案について断固反対の意見表明をした[65]。さらにShurgardは、ポイズンピルを発動することができたので、Public Storageとしても、交渉により友好的な解決をする必要性があった。
　最終的に、Public StorageがShurgard株式につき39％のプレミアムをつけて32億ドルと評価する提案を提示し、2006年3月7日、Public Storageを存続会社とするShurgardとの合併契約が両者間で締結された。

　次に、REITの敵対的買収局面においてポイズンピル条項と所有制限条項

---

[64] 2005年8月2日付Seattle POST紙
[65] Id.

が有効に機能して、買収を阻止した判例を紹介する。

【リアルティ・アクイジション対プロパティ・トラスト・オブ・アメリカ判決】
(Realty Acquisition Corporation v. Property Trust of America, JH-89-2503 U. S. District Court for Maryland (U. S. Dist. 1989))

原告Realty Acquisition Corporation（以下「RAC」という）は、REITである被告Property Trust of America（以下「Property Trust」という）の発行済株式のすべてを取得し、合併することを最終目的として、まず、部分的な公開買付を実施したが、Property Trustが所有制限条項（9.8％以上の所有を制限する。ただし、現金による全株取得を目的とした公開買付の場合や役員会が認めた場合には適用除外となる）とポイズンピル条項（買収者が20％以上のProperty Trust株式を取得した場合、または、公開買付が発表されたときに、時価の半値で株を買う権利を株主全員に割り当てるが、買収者だけがこれを行使できない）を信託宣言に定めていたことと、メリーランド州法である企業結合法（Business Combination Act、買収会社が買収対象会社を取得した後、5年間吸収合併することを禁止し、5年後に合併を役員会が認めない場合には議決権の80％の賛成を要する）と支配株式法（Control Share Act、役員会の賛成が得られない場合には、3分の2以上の議決権を確保しない限り、会社支配ができない）が障害となった。

RACは、Property Trustの信託宣言とメリーランド州法の無効を主張し、1989年9月1日、メリーランド連邦地方裁判所に提訴した。

本件につき、連邦地方裁判所は、同年10月26日に次のような決定を下した。

役員の判断は、Property Trustの信託宣言による権限を超えておらず、RACに対する所有制限条項の適用除外についても、過失などがない限り、あくまでも経営判断の原則が適用される。したがって、役員がRACに対する所有制限条項の適用除外を拒否することは問題とならない。

Property Trustのライツプランは、全株主を買収から保護したのであって、（RACが主張するような株主平等の原則に反する）差別的なものではない。

また、メリーランド州法（企業結合法と支配株式法）は、強圧的公開買付から株主を保護するためのものであることから、連邦ウィリアムズ法が規定

する公開買付を制限するものではなく、むしろ、連邦が意図した投資家保護の方針を促進するものであるとして、RACの主張を退けた。

本判決は、ポイズンピルをREITが利用することを認めた点、所有制限条項との併用を認めた点で重要である。

しかしながら、現実には2-14において後述するように、投資家サイドからの批判が多いこともあって、ポイズンピルを導入しているREITは少ない。

2-9 不動産会社とREITのM&Aディール・プロテクション

次に、REITのM&A時における対抗者の出現とその後のプロセスついてみてみることにする。

まず、1996年、Santa Anita Realty Enterprises, Inc.関連のREIT（以下「Santa Anita」という）とColony Capital, Inc.（以下「Colony」という）との合併合意に対しては、Apollo Management LP.（以下「Apollo」という）が対抗公開買付を実施した。しかしながら、後になってMediTrust Corp.も対抗公開買付を実施してきたため、ApolloはColonyと手を結び、Santa Anitaとの合併に加わることになった[66]。

California Jockey Club and Bay Meadows Operating Co.（以下「Bay Meadows」という）とHudson Bay Partners, LP.の合併合意に対しては、REITのPatriot American Hospitality, Inc.（以下「Patriot」という）が対抗公開買付を実施し、最終的に、1997年にPatriotとBay Meadowsの合併が実現した[67]。

Morgan Stanley Real Estate系のMagazine Acquisition GP LLCは、2006年3月の株主総会の承認を前提として、ニューヨーク証券取引所に上場するレジデンシャルREITであるThe Town and Country Trustの株式につき1株当たり33.90ドルの交付金を支払ったうえで合併する旨の合意をしたが、Reckson Associates Realty Corp.が対抗公開買付を仕掛けてきた結果、交付金額を40.20ドルへ引き上げなければならなかった[68]。

このような第三者からの対抗入札に対抗するために、以下に紹介する

---

[66] Einhorn, supra note 32, at 3
[67],[68] Id.

ディール・プロテクション（不動産会社を含む全産業の一般株式会社に適用）を講じることが重要となる。

米国においては、買収合意後のように、支配権の移動または会社の解体を伴う取引などの一定のM&A取引において、会社を売ることになった取締役には、もはやそれまでの会社を維持向上する義務はなく、競売人として、株主にとって最高価格を提示する買収者に対して会社を売却する義務を負う「レブロン基準」が課される*69。

かかるレブロン基準が適用される場合には、ディール・プロテクションの有効性が法的に認められない場合があるので注意を要する。

具体的には、対抗者との交渉を一切不可能にするノートーク条項（No Talk Provision）のような独占交渉条項を使ったディール・プロテクション*70、あるいは、議案上程義務条項（取締役会に推薦付議案上程義務を課す）と大株主との議決権行使契約の組合せによるディール・プロテクション*71、ロックアップオプション（Lock-Up Option）*72によるディール・プロテクション*73が認められない。

これに対して、ノーショップ条項（No-Shop Provision）は、第三者から自発的になされたオファーであって、売り手の取締役会が外部の法律専門家から意見を聴取のうえ、当該提案が優越的提案と認められる場合には、取締役の信任義務に配慮して例外的に交渉を認めるというものであり、現在の米国において一般的かつ合法的とみなされる条項となっている*74。

さらに、ノーショップ条項と組み合わせて使用される条項として、マッチング・ライト条項（Matching Right Provision）がある。この条項は、売り手が第三者から優越的提案を受けた場合、買い手がこれに対応して同等の条件引き上げを決定した場合には、売り手は、第三者ではなく買い手と取引をし

---

*69 Revlon Inc. v. Macandrews & Forbes Holdings, Inc., 506 A.2d 173 (Del. 1986)
*70 Phelps Dodge Corp. v. Cyprus Amax Minerals Co., 1999 WL 1054255 (Del. 1999)
　 ACE Limited v. Capital Re Corporation, 747 A.2d 95 (Del.Ch. 1999)
　 梅津昭彦、2002年「合併契約におけるno-talk条項の有効性」商事法務1627号54-57頁
*71 Omnicare,Inc. v. NCS Hearthcare.et.al, 818A.2d 914 (Del. 2003)
*72 買収が成功しなかった場合、対象会社の株式や重要資産を有利な条件で買い受ける権利のこと
*73 Mills Acquisition Co. v. Macmillan,Inc., 559A.2d 1261 (Del. 1989)
*74 岩倉正和、大井悠紀、2005年「M&A取引契約における被買収会社の株主の利益保護〔中〕」商事法務1745号 30-32頁

なければならないとするものである＊75。

　また、売り手が、第三者と契約するために、買い手との契約を解除しようとした場合、ペナルティーとしてターミネーション・フィー（「ブレイクアップ・フィー」ともいう）の支払いを課す＊76。

　一般的に、当該支払義務の発生条件として、①売り手の表明・保証、コベナンツの違反を理由とした買い手からの解除、②売り手の信任義務を理由とした買い手からの解除、③売り手の総会における否決を理由とした買い手または売り手からの解除、④売り手の信任義務を理由とした売り手からの解除等が、契約書に明記されることが一般的である。具体的には、多くの場合、③については、解除後、12〜18カ月間、第三者とM&A契約を締結しなければ、ターミネーション・フィーは発生しない。ターミネーション・フィーは、一般的に取引額の1％〜3％といわれており＊77、それを上回る過大なペナルティーは、相当な理由がない限り認められない＊78。

　以上、全産業に適用されるレブロン基準やディール・プロテクションに関して議論してきたが、REIT固有の問題は、ターミネーション・フィーにおいても発生する。

　つまり、REITは内国歳入法第856条によって、不動産関連収入以外の収入が5％未満でなければならないとされており、その他収入が5％を上回った場合、REIT資格を失うことになる。

　ターミネーション・フィーが一時的収入であることを鑑みると、これによってREIT資格を失うというのはあまりに酷であり、当局による柔軟な対応が望まれるところである。そこで、2007年のRIDEA法（REIT Investment Diversification and Empowerment Act）が、ターミネーション・フィーのような特殊な収入に関する取扱いの裁量権を財務省に与えることによって、この問題は一応の解決をみた。

　以下では、具体的に、ターミネーション・フィーを含むディール・プロテクションによって、対抗買収提案を阻止した事例を紹介する。ひとつは、非

---

*75 高橋聖、2006年「M&A取引における取引保護措置と取締役の善管注意義務」商事法務1773号48頁
*76 岩倉正和、大井悠紀、2005年「M&A取引契約における被買収会社の株主の利益保護〔上〕」商事法務1743号37-38頁
*77 岩倉、大井、前掲＊76、38頁
*78 Paramount Communications, Inc. v. QVC Network, Inc., 637 A.2d 34 (Del. 1994)

公開オークション（Closed Auction）*79におけるディール・プロテクションの事例であり、もうひとつは、マーケット・チェック（Market Check）*80におけるディール・プロテクションの事例である。

【ベンタス対サンライズ・シニア・リビング・リアル・エステイト・インベストメント・トラスト判決】(Ventas, Inc. v. Sunrise Senior Living Real Estate Investment Trust, Court of Appeal for Ontario Blair, Macfarland and Laforme JJ.A.85 O.R.(3d) 254 (Ont. 2007))

Ventas, Inc.（以下「Ventas」という）は、ニューヨーク証券取引所上場の米国基盤のヘルスケアREITであり、Health Care Property Investors, Inc.（以下「HCPI」という）は、同じく米国基盤のヘルスケアREITであり、ライバル関係にある。

Sunrise Senior Living Real Estate Investment Trust（以下「Sunrise」という）は、カナダ及び米国の老人向けコミュニティを所有しており、それらは、ニューヨーク証券取引所上場のSunrise Senior Living, Inc.（以下「SSL」という）によって管理されていた。

2006年9月、Sunriseの役員会はトラストの株主利益を最大化するために、全資産を二段階の非公開オークションにかけることにした。各入札参加者に対しては、オークション後に敵対的公開買付を実施しない旨の守秘義務契約を締結のうえ、非公開の二段階オークションを実施した結果、Ventasが競り勝った。

2007年1月14日、Ventas及びSunriseは、株主の承認を条件として、当該購入目的でオンタリオ州法に基づいてVentasが設立した会社が、総額1,137,712,410カナダドル（1株当たり15カナダドル）でSunriseの全資産を購入する購入契約書（Purchase Agreement）に署名した。この価格は、直前日の2007年1月12日の終値に35.8％のプレミアムを上乗せしていた。（Ventasは、買収後、自分たちが運営すれば、Sunrise Trustの総収益の3分

---

*79 資産・事業譲渡、非公開子会社等の株式譲渡で利用される。
*80 公開買付合戦によるオークションであり、Pre-Agreement Market CheckとPost-Agreement Market Checkがあり、本事例は後者である。

の2にあたるコミュニティの賃貸収入が増加すると見込んでいた)

　購入契約書は、Sunrise が受動的に第三者から受け取った競合入札が、Ventasの入札価格より優れていたならば、Sunrise がその入札を受け入れることを可能にしたノーショップ条項、Sunrise が競合入札の情報を提供したうえでVentasに再提案の機会を与えるマッチング・ライト条項、そして、Ventasが競合入札価格に対抗できなかったことにより購入契約書が解約される場合には、Sunrise がVentasに3980万カナダドルをターミネーション・フィーとして支払う旨、第三者と守秘義務契約書を締結する場合には、Sunrise がVentasと締結した守秘義務契約書よりも有利な項目を入れてはならない旨等を規定していた。

　しかし、この契約に反して、2007年2月14日、SunriseのフィナンシャルアドバイザーであるSSLが、1株当たり18カナダドルでSunriseの全資産を取得するHCPIの提案を受け入れて、HCPIとの間で管理契約書（Management Agreement）を締結した。さらに、本管理契約書の有効性を主張して、オンタリオ地方裁判所に提訴した。地方裁判所はこれを認めなかったので、さらに上訴することとなった。オンタリオ州巡回上訴裁判所は、Ventasの購入契約書については、売り手の国籍であるカナダ法に準拠していたが、米国の判例*81を引用し、購入契約書に含まれるノーショップ条項、マッチング・ライト条項、ターミネーション・フィーの妥当性を認めたため、Ventasはディール・プロテクションに成功した。

　このように、Ventasは勝訴したものの、HCPIによる上乗せ提案が株主からの提訴を引き起こしたので、購入契約書に基づいて、購入価格をHCPIの提案と同じ価格に引き上げる旨の修正提案をし、購入契約書の修正覚書をSunriseと締結した*82。

　2007年3月30日、Sunriseの株主総会においてVentas子会社への全資産の売却が無事承認され、2007年4月に実行された*83。

---

*81 Paramount Communications, Inc. v. QVC Network, Inc., 637 A. 2d 34（Del. 1994）
　　ACE Ltd. v. Capital Re Corp., 747 A.2d 95（Del. Ch. 1999）
*82 VentasのIRリリース履歴　http://www.ventasreit.com/news/2007/
*83 Id.

【ブラックストーン・グループとエクイティ・オフィス・プロパティーズ・トラストとの合併契約におけるディール・プロテクション】
(Deal Protection under Merger Agreement between The Blackstone Group and Equity Office Properties Trust (2007))

2007年2月7日、The Blackstone Group（以下「Blackstone」という）がニューヨーク証券取引所に上場する米国最大のオフィスREITであるEquity Office Properties Trust（以下「EOPT」という）を買収した。

当初、少なくともBlackstone以外に2つの会社が、EOPTの買収に関心を示したが、2006年7月にVornado Realty Trust（以下「Vornado」という）による買収提案のみをEOPTが検討し始め、当事者間でより深い議論をするために、現状維持契約書（Standstill Agreement）を締結した。

2006年10月25日、VornadoとEOPTとの間のトップ会談において交渉が決裂し、VornadoとEOPTは、これ以降直接的な接触はしなかった。

その後Blackstoneは、1株当たり40ドルから42ドルの間でEOPTを買収する提案をしたが、2006年11月2日には、1株当たり47.50ドルに提案を修正した。

さらに2006年11月19日、2007年2月上旬のクロージング日に、総額360億ドル（1株当たり48.50ドル）で、BlackstoneがEOPTを現金により買収することについて、当事者間で合意し、合併契約書（Merger Agreement）に署名した。

しかしながら、11月19日の合意以降も、オークションプロセスが継続した。

2007年1月17日に、Vornadoは、Vornado株主による承認を条件として、現金60％、Vornado株式との交換40％を内訳とする1株当たり52ドルの対抗買収提案を行った。

2007年1月24日、Blackstoneは、2006年11月19日の合意につき、ターミネーション・フィーを2億ドルから5億ドルまで引き上げることを条件として、1株当たり54ドルへ買収価格を引き上げる対抗提案をした。

2007年2月1日、Vornadoは、1株当たり56ドル（現金での支払いは1株当たり31ドル、それ以外はVornado株式による買付け）に提案を修正した。

2007年2月4日、Vornadoは、1株当たり56ドル（Vornado株式による買付

け部分を40％から55％に引き上げ、現金部分は引き下げ）に提案を修正した。

2007年2月5日、Blackstoneは、ターミネーション・フィーをさらに7億2000万ドルへ増加させることを条件として、1株当たり55.50ドルへ提案を修正した。

2007年2月7日、Vornadoが買収条件を撤回したので、当初より2日遅れのEOPTの株主総会で合併契約書が承認され、Blackstoneが390億ドルの現金（1株当たり55.50ドル）でEOPTを買収した。

結果的に、Blackstoneは、当初価格よりも1株当たり7ドル引き上げた条件でEOPTを買収せざるを得なくなり、買収総額は当初予定額よりも49億ドル増加したことになる。

また、当該買収額の引き上げとともに、そのディール・プロテクションを強化するために、ターミネーション・フィーが2億ドルから5億ドルに引き上げられたことになる。

このように、マーケット・チェックの場合には、非公開オークションとは異なり、公開買付や委任状勧誘に関する規制等によって、透明性の高い、公平なオークションが行われる。

しかしながら、マーケット・チェックにおいても、非公開オークションと同様に株主の承認直前までオークションが行われるので、混乱の中で開示や委任状に記載漏れが生じないよう注意を要する。

2-10 不動産会社とREITの委任状勧誘と株主総会

不動産会社を含む一般の株式会社に適用される株主提案や委任状勧誘に関する規制は、REITにも適用される。

米国においても、1934年証券取引所法第14条(a)(8)において発行済株式の1％以上または2000ドル以上を1年以上有する株主には議案提案権が認められているが、当該議案は500語以内の1議案に限定される。このような議案提案権を使って、ライツプランの消却や反買収法の非適用が議案として提案されることがある。しかし、取締役の選任については、議案提案によらず証券取引所法第14条(a)(1)に定める委任状勧誘規制に則って行うものとされており、買収者は自己の負担により対象会社に対象株主宛の勧誘資料を送付して

もらうことができる。

　委任状勧誘は、株式を取得するよりも資金的負担が少ないため、公開買付ルールができる前から行われてきた伝統的買収手法である。会社側が勧誘するための委任状には委任状説明書と年次報告書が添付されるが、買収者が勧誘するための委任状は委任状説明書の添付だけでよい。そして、その情報によって株主が誤解しないよう、その内容については、証券取引所法第14条及びSEC規則第14条(a)に基づいたSECの事前審査を受けなければならない。広告その他が、委任状を獲得することを目的としている場合には、委任状勧誘規制の対象となる[84]。

【エクイティ・オフィス・プロパティーズ・トラスト委任状有効判決】
(Individually and On Behalf of All Others Similarly Situated and Derivatively on Behalf of Equity Office Properties Trust v. Thomas E. Dobrowski, Samuel Zell et al. and Equity Office Properties Trust, 06 C 6411 U.S. District Court for The Northern District of Illinois, Eastern Division (U. S. Dist. 2007))

　前述のBlackstoneとVornadoとのEOPT買収入札競争において、EOPTの役員会がSECに提出し、開示した委任状は、4種類ある。

　まず、2006年12月29日付のオリジナルの委任状は、2006年11月19日付のBlackstoneとの合併契約書（Merger Agreement）に基づいている。それによると、EOPT買収について他社からも関心が寄せられていたこと、EOPTの役員会及び経営陣は、それらについても検討したことが記載されていた。役員会は、株主が合併承認の議決権行使をするように役員会の推薦を付して、Blackstoneとの最初の合併条件を明示した。さらに、会社及び役員会を相手取って、信任義務違反、株主価値最大化の不履行、役員会による不適当な自己取引を主張する8つの株主代表訴訟が提起されている事実、2007年2月5日を合併契約承認決議の議決権投票日に指定することが記載されていた。

　オリジナルの委任状の後、役員会は、3つの補足委任状をファイルして開示した。

---

[84] 黒沼悦郎、2001年「アメリカにおける株主総会に関する規制」商事法務1584号12-14頁

つまり、Blackstoneの1月24日付修正提案に基づく1月29日付の第1回補足委任状、Vornadoの2月1日付修正提案に基づく2月2日付の第2回補足委任状、Blackstoneが1株当たり55.50ドルに提案を修正したことに基づく2月6日付の第3回補足委任状である。

各補足委任状は、Vornado及びBlackstoneとのEOPTの直近の議論を報告し、Vornadoの提案条件、Blackstoneの合意内容の修正条件を明示し、Vornadoの提案の取扱い、クロージングの見込みについての役員会及び経営陣の懸念を表明していた。そして、株主に対してBlackstoneとの合併契約書を支持して投票することを勧めた。

同じく第2回補足委任状は、議決権投票日が2007年2月7日まで遅れるであろうことを株主に通知した。

本訴訟において原告は、Blackstone提案の取扱いに関するEOPTの各委任状が、証券取引所法第14条(a)、SEC規則第14条(a)(9)に違反したと主張する。つまり原告は、①第1回補足委任状が、虚偽の重要事実を開示し、合併条件のオークションプロセスに関係した重要事実及び会社の価値を表明することを怠っている、②役員会が補足情報を十分に盛り込んだ第3回補足委任状を投票日の直前に開示したので、被告はオリジナルの委任状の内容を訂正することができなかったと解するべきであり、原告はオリジナルの委任状について著しい錯誤が生じたと主張する。

しかしながら、2007年11月14日、連邦地方裁判所は、原告がその具体的損害と開示との因果関係を立証していないこと等を理由として、原告の主張を退けた。

このように、公開買付合戦や委任状争奪戦の局面においては、情報が錯綜しやすいため、委任状の内容やその修正により、株主に損失が生じないか十分に配慮する必要があり、株主の判断に重要な影響を与える事実が発生した場合には、速やかに開示し、必要ならば株主総会を延期すべきである。つまり、このような役員の判断は、証券取引所法の遵守のみならず、競売人として、株主にとって最高価格を提示する買収者に対して会社を売却する義務を負う「レブロン基準」をも充足することになるのである。

2-11 不動産会社とREITのゴールデン・パラシュートとサイド・ペイメント

　ゴールデン・パラシュート（Golden Parachute）とは、買収者が、対象会社の役員を締め出す際に補償を支払うことである。

　ゴールデン・パラシュートに関しては、買収対象会社がREITであっても、不動産会社を含む一般の株式会社であっても、以下のとおり同じルールが適用される。

　ゴールデン・パラシュートは、もともと買収防衛策として使われることもあったが、最近は正当な退職報酬とみなされており＊85、その相場は、個人差などがあるものの、一般的に報酬の3年分とされている＊86。

　このような世間相場や従業員退職金と比べ割高なゴールデン・パラシュートについては、内国歳入法第280条G及び第4999条に規定される「過大報酬」と認定される場合があり、過大報酬部分について、受取人に対して物品税20％が課税される一方、支払った企業に対しても損金参入が認められないという二重の不利益がある。

　ところで、買収者が、買収を成就させるために、対象会社の大株主の協力を引き出す方法として、協力に対する見返りとしてのサイド・ペイメント（Side Payment）を提供することがあるが、連邦証券取引所法にも抵触する可能性がある。

　つまり、SEC規則第14条(d)(10)においては、公開買付に関する原則として、全株主ルール（All Holders Rule）や最高価格ルール（Best Price Rule）があり、サイド・ペイメントが特定の株主に対する公開買付価格の上乗せと判断される場合には、「全株主」に対して公平に「最高価格」を提示しなければならない。

　ただし、サイド・ペイメントのうち、株式対価ではなく役務対価としての対象会社取締役に対するゴールデン・パラシュートについては、独立した報酬委員会もしくは特別委員会によって承認されたことを条件として、最高価

＊85 Einhorn, supla note 30, at §11.03
＊86 Charles Keenan "Pillars of Good Governance" (NAREIT 2007)
　　 http://www.nareit.com/portfoliomag/07julaug/feat5.shtml

格ルールの適用除外になることが、2006年11月のSEC通達34-54684号により明言された。

最高価格ルールの適用除外に該当するか否かの判断は、あくまでも、公開買付期間中に締結または修正されたもので公開買付と不可分な契約関係[87]があるか否かによって判断されるので、公開買付と不可分な関係でなく、公開買付以前から締結されている契約に基づく支払い等の場合は、最高価格ルールの適用除外とみなされることになる[88]。

SEC規則上、当該適用除外とならない大株主に対するサイド・ペイメントは、すべて最高価格ルールの違反とみなされる。

さらに、SEC規則第14条(e)(5)は、サイド・ペイメントだけでなく、公開買付期間中の別途買付けを禁止するとともに、SEC規則第14条(d)(7)は、公開買付価格が引き上げられた場合には、買付けに応じているすべての株主の買付価格を引き上げることを要求している。

また、不適切なサイド・ペイメントが対象会社の大株主兼取締役に支払われた場合、州会社法上の取締役の信任義務または株主平等の原則に反したことになる。

2-12 不動産会社とREITのスクイズアウト

支配株主または買収者が、会社を100％支配することを目的として少数株主を締め出すことをスクイズアウト（Squeeze Out）という。特に、REITは、課税REITや非REITを買収した場合、スクイズアウトにより100％子会社化しなければ、内国歳入法第856条に定めるREIT資格のうち資産要件に抵触することになる。

スクイズアウトに関しては、買収対象会社がREITであっても、不動産会社を含む一般の株式会社であっても、以下のとおり同じルールが適用される。

スクイズアウトには、もし買付けに反対した場合に買付者から報復を受け

---

[87] Field v. Trump, 850 F.2d 938 (2d Cir. 1988)
　　Epstein v. MCA, Inc. 50 F.3d 644 (9th Cir. 1995)
[88] Lerro v. Quaker Oats Co., 84 F.3d 239 (7th Cir. 1996)のように、買収により他の株主が享受する利益が大きいとして、独占販売権の付与形式によるサイド・ペイメントを容認した事例もあるが、Gerber v. Computer Associates International,Inc., 303 F.3d 126 (2d Cir. 2002)は、たとえ対象会社の取締役に対して競業避止義務を課すための対価であったとしてもサイド・ペイメントは認められないとした。

ると考えた少数株主が、不利な条件を受け入れる可能性があり、このような場合、かかる買付けについては、強圧性（Coercion）があるという。支配株主（または買収者）と少数株主の間に「情報の非対称性」が存在する場合、少数株主は、本来の価値を下回る条件で、買付けに応じなければならなくなる。そこで、SEC規則第13条(e)(3)は、このような情報の非対称性を解消するために、スクイズアウトに関する目的、ストラクチャー選択の理由（必然性）、投資銀行作成のフェアネスオピニオンのサマリー、対象会社の過去及び現在の株価に関する情報などについて詳細な情報開示を買付者に義務づけている。

対象会社の取締役は、支配株主と利益相反関係にあるから、「経営判断の原則」は適用されず、「完全な公正基準」が適用されることになる。

ワインバーガー判決[*89]において、完全な公正基準とは、「公正な取引」と「公正な価格」の両面を総合的に評価して判断すべきものとし、その情報はすべて開示されなければならないとした。また、独立委員会による買付者との交渉結果は、公正さを立証するための有力な証拠であるとした。

カーン判決[*90]において、対象会社の独立委員会は、対象会社の取締役の意思決定を「完全な公正基準」から「経営判断の原則」に転換するのではなく、立証責任を、公正さを立証した取締役から不公正さを主張する少数株主に転換するだけであるので、圧力によって独立委員会の客観性・独立性が歪められている場合には、立証責任は転換されないとした。

ローゼンブラット判決[*91]において、少数株主の過半数の承認があれば、(対象会社の取締役の意思決定を「完全な公正基準」から「経営判断の原則」に転換することはできないが) 立証責任については取締役から原告少数株主に転換されるとした。

買収者が、二段階に分けて公開買付を行う場合、2回目の買付けが少数株主に不利になる、または不利になると誤認させる場合には、「強圧的二段階買収」と呼ばれる。支配株主によるスクイズアウトや「二段階買収」の場合には、強圧性に対する配慮が必要となる。

[*89] Weinberger v. UOP, Inc., 457A2d53, 701 (Del. 1983)
[*90] Karn v. Lynch Communication Systems, Inc., 638A.2d 1110 (Del. 1994)
　　　Karn v. Lynch Communication Systems, Inc., 669A.2d 79 (Del. 1995)
[*91] Rosenblatt v. Getty Oil Co., 493A.2d 929 (Del. 1985)

ピュアリソース判決*92は、強圧性のない公開買付とするためには、「①脅しがないこと、②少数株主の過半数が賛成することに加えて、③90％以上の株式を取得する公開買付の場合には、その後の略式合併の条件を同じ公正価格*93にするという約束をすること」を条件とした。また、支配株主と少数株主の情報の非対称性を解消するために、支配株主は、対象会社の取締役会に対して十分な情報と十分な時間と十分な裁量を与えるべきであるとした。

　以上をまとめると、取締役会が、利害関係取引であるスクイズアウトに関与する場合には、少数株主保護の観点から「完全な公正基準」が適用されるが、その公正さを確保するためには、「独立委員会による買収者との交渉」または「少数株主の過半数による賛成」が必要である。米国においては、独立委員会が不公正な判断をした場合には、独立委員会に対してクラスアクションの可能性があり、牽制が働いている。しかし、クラスアクションを恐れて、公正な取引についても独立委員会が拒否する可能性がある。このような場合には、取締役会は、あらかじめ少数株主の過半数の賛成を得るべきである。

　判断に利用された情報については、支配株主と少数株主の間の情報の非対称性を解消し、強圧性を排除するために、すべて開示されなければならないということになり、特に、スケジュール14D-9内において、独立委員会の意見を開示することが重要となる*94。

　買収者または支配株主も、適切に情報を開示し、取締役会または特別委員会に対して、十分な情報、十分な時間を与えなければ、強圧的であると判断されることになる*95。

　さらに、米国の多数の州（20州以上）では、二段階買収から少数株主を救済することを法的に保障することを目的として、公正価格法（Fair Price Statute）を定めている。2回目の買付価格が1回目の買付価格と異なる場合、被買収会社の取締役会承認、株主議決権の80％以上の承認、買収者以外の議決権の3分の1以上の承認等がない限り、認められないとするものであ

---

*92 In re Pure Resources, Inc. Shareholders Litigation., 808A.2d 421 (Del.Ch. 2002)
*93 あくまでも公正な価格であって、公正な条件は問題とならない。なぜなら、デラウェア州会社法第252条が、90％以上の簡易合併を認めているので、法定取引たる簡易合併及びその後の少数株主からの買取請求については公正取引以外の何ものでもないからである。
*94 楠本純一郎、2006年「取締役会の過半数が利害関係を有する合併と特別委員会の役割」商事法務1783号44-47頁
*95 企業価値研究会、2005年「企業価値報告書〜公正な企業社会ルール形成に向けた提案」85-86頁

る*96。

2-13 不動産会社とREITの濫用的買収

　1998年にFirst Union Real Estate Equity and Mortgage Investments（以下「First Union」という）の株式の9％を所有する投資会社Gotham Partners（以下「Gotham」という）は、役員会メンバーを入れ替えるためにプロキシー・ファイトを仕掛け、First Unionの最高経営責任者を解任し、First Unionの支配権を掌握した。

　その後、First Unionが保有する資産を売却して得た資金を使って、Gotham関連の不採算ゴルフ場を取得しようとしたので訴訟となり、Gotham支配下のFirst Unionが敗訴した*97。

　このような解体型買収を目的とする濫用的買収者やグリーンメーラーに対して、会社が対抗できる各種反買収法が各州で採用されている。

　事業結合規制法（Business Combination Statute）は、ニューヨーク州、デラウェア州など多くの州で採用されており、「取締役会の承認がない限り、買収後一定期間経過するまで事業統合（合併、資産譲渡など）を認めない」としている。これによって、ハイレバレッジな解体型買収などを排除できるが、会社にとって有益な買収までもが取締役会によって排除されてしまう可能性がある。

　反グリーンメール法（Anti-Greenmail Statute）は、会社がグリーンメーラーの取得から一定期間経過していない自社株式を市場より高値で購入することを禁じており、ニューヨーク州など一部の州が採用している。

　売却益返還法（Disgorgement Statute）は、取得後一定期間内に株式を売却して得た利益を会社に返還させることを定めており、ペンシルバニア州など一部の州が採用している。

　労働者保護を目的とした州法としては、解体により解雇された従業員に対

---

*96 このほかに、議決権の一定割合を取得した買収者に対して株主の買取請求を認める買取請求権付与法（Control Share Cash-Out Statute）があるが、ペンシルバニア州ほかわずかの州でしか採用されていないうえ、極端な立法と称されている。

*97 Kimeldorf v. First Union Real Estate Equity & Mortgage Investments 309 A.D.2d 151; 764 N.Y.S.2d 73 (NY App. 2003)

して補償(ペンシルバニア州の場合、26週分の給与相当額)を義務づけるティンパラシュート法(Tin Parachute Statute)、労使交渉によって決定された労働契約の内容を買収後に終了または侵害してはならないとする労働契約法(Labor Contract Statute)があり、ペンシルバニア州、マサチューセッツ州などが採用しているが、その数は少ない。

次節で述べる信任義務修正法(Constituency Statute)についても、解体型買収による従業員解雇などの可能性がある場合、適用される場合があるが、補償を定めるに至っていない。

以上のような反買収法は、政治的な背景もあり、極端な規制がなされた場合には、市場再編の妨げとなる点に注意すべきである。

2-14 不動産会社とREITのガバナンス

REITは、多数あるいは不特定多数が出資しており、その株式は公開され譲渡可能なものであるから、少なくとも一般の上場会社と同程度のガバナンスを構築しなければならない。税制優遇を受けた金融商品としての側面からは、一般の上場会社以上の高度なガバナンスを構築しなければならない。また、このような高度なガバナンスは、投資家からも求められている。

ニューヨーク証券取引所規則312.03及びNASDAQ規則4350(i)は、最終的に議決権や発行済株式数の20％を超える普通株式または種類株式の発行や重要な利害関係者取引は株主総会の承認を要すると規定している。

ジョン・クリッツ(John J. Kriz)[98]は、「ガバナンスの質」と「取締役会と経営陣が効果的に株主と債権者利益のバランスをとることができる」の2項目でREITのガバナンスが高く評価されているという。もともと、REITセクターにおいては、同族所有が際立っていた。創設者または創設者の子孫がREITを支配して、それはいまだ継続している。クリッツは、取締役会の客観性(利害関係者取引や独断専行の抑止等)が確保できないのではないかとの理由から、同族所有に対して強い懸念を持っている一方で、創業者一族は、事業への関与が長く、長期的観点から意思決定をするので、REITの継続性と

---

[98] John J. Kriz "REIT Governance: Improved, With More to Do" (NAREIT 2006)
http://www.nareit.com/portfoliomag/06julaug/in_closing.shtml

安定性に貢献していると評価している。

　しかし、これらの問題は、ある程度経営者の世代交代（より若い一族またはプロ経営者をCEOや他の経営幹部へ指名すること）によって改善されつつある。さらに、REITが、ガバナンス改善策として、人材のヘッドハンティングやCEOサクセションプラン（計画的な後継者育成プログラム）を推進する等、幹部の人材開発に取り組んでおり、一部では、同族会社の相続に影響を与えるほど取締役会の能力向上（事業運営のみならず内部統制や内部管理体制の構築）につながることを期待している。

　さらに、REITの役員報酬が、ストックオプションから急速に制限株式（Restricted Stock）[*99]へシフトし始めていることについて、より長期的成長を志向するようになり、リスキーな短期的戦略による下方修正の可能性が少なくなっていると評価している。

　最後に、クリッツは、米国のUP-REIT制度[*100]が、REIT、株主、オペレーティング・ユニットホルダー（Operating-Unitholders）の三者間で潜在的利益相反を引き起こしていると指摘している。

　一方、ニューヨーク証券取引所は、適切なガバナンスを確保するために、上場規則303Aによって、一般不動産会社やREITを含む上場会社の取締役会は過半数以上が独立取締役によって構成されなければならないと規定している。

　米国のある調査会社の資料によると、「①全産業が、取締役会メンバーの50％〜75％を独立取締役によって構成しているのに対して、REITを含む不動産セクターの取締役会は、75％を超えている。②不動産セクターは、スタッガード・ボード（任期差制取締役会）、複数議決権株などの種類株式、ポイズンピルを採用しない傾向にある。③反買収法で保護されるにもかかわらず、それらの法令の非適用を選択する傾向がある[*101]。④独立取締役などが3年ごとにポイズンピルを見直すことを附属定款に規定した独立取締役評価条項

[*99] Letter Stockとも呼ばれるインサイダー向け株式。導入するには、会社と付与者との間で株式購入契約を締結し、SECへの特別免除登録Form 144等が必要となる。1年以上の待機期間を経過しないと売買することができないうえ、待機期間中に退職した場合には株式返却義務が生じるために税務上付与時に付与者の所得とみなされないなど、ストックオプションと同様の拘束力があるにもかかわらず、ストックオプション会計が適用されない点でメリットがある。

[*100] 前掲＊29

(Three-year Independent Director Evaluation Provisions、通称TIDE条項) を採用する傾向がある」という。

筆者は、REITの場合、所有制限条項や超過株式条項によりポイズンピル条項を設定する必要がないこと、ポイズンピルが一般の会社に比べ強力な効果があり過剰防衛とみなされかねないことが、ポイズンピルの導入を消極的にしている要因ではないかと考える。

適切なガバナンスを前提として、取締役が株主に対する信任義務のみによって防衛策を含む経営判断を下したならば、ステークホルダーの利益（従業員や公共の利益）が毀損される恐れがある。そこで、株主以外の利害関係者の利益に配慮する義務ないし努力義務を取締役に課す信任義務修正法を課している州が数多くある。

このように、内部運用制度のガバナンスまたは信任義務においては、REITが単なるビークルである外部運用制度において考慮する必要がなかったステークホルダーへの配慮が必要となるのである。

[*101] スタッガード・ボードを推奨するマサチューセッツ州の強制任期差取締役会法（Mandatory Staggerd Board Statute）があるが、全米でも同州のみにしか採用されていないことに加え、特定企業の買収防衛のために政治的に導入されたとの意見もある。

第3章

英国の不動産会社とREITのM&Aとガバナンス

第3章　英国の不動産会社とREITのM&Aとガバナンス

3-1　英国REITの要件

　英国のREIT制度（UK-REIT）は、2007年1月に創設されたばかりであるが、J-REITを凌ぐ市場に成長している[102]。

　これは、第4章で紹介する先行のフランスREIT「SIIC」を参考にしながら、ロンドン証券取引所に上場する不動産会社がREITに転換し、REIT市場に組み込まれたからにほかならない[103]。

　それでは、このような転換を可能にした英国REITの制度的特徴について、若干の検討を行うことにする。

　英国REITは、2006年財政法（Finance Act）第4編に定められ、米国や日本で採用している「ペイスルー方式（支払配当金損金算入方式）」を採用せず、「パススルー方式（課税免除方式）」を採用している。

　配当について、米国や日本のような一括処理をするのではなく、2006年財政法第113条に定める「リングフェンス・アプローチ（Ring Fence Approach）」と称する概念により、2種類に区分する。

　つまり、一定の適格不動産から得られた所得「リングフェンス内所得」とそれ以外の活動から生じた所得「リングフェンス外所得」を区分し、前者については課税免除とし、後者については課税するのである。

　2006年財政法第106条〜第108条に定める課税免除要件としては、次のものが挙げられる。

> ① オープン・エンドではない英国居住法人であること
> ② 普通株式のみか普通株式と優先株式を発行し、証券取引所に上場していること
> ③ 期首において課税免除事業にかかる資産額が時価総資産額の75％以上であること

---

[102] 社団法人不動産証券化協会編、2008年「不動産証券化ハンドブック2008-2009」不動産証券化協会 211頁
[103] Land Securities Group plcなど、大手上場不動産会社は、賃貸部門を分離独立させて、REITに転換させた。もちろん、不動産賃貸収益規模が小さなデベロッパーは、REITに転換しなかった。

> ④ 少なくとも課税免除用不動産（自己使用不動産を含まない）として３物件を保有していること
> ⑤ １つの物件に時価総資産額の40％以上を投資していないこと
> ⑥ 子会社（REIT、株式会社、外国法人）の75％以上の議決権を有していること
> ⑦ ジョイント・ベンチャーの40％以上を所有していること
> ⑧ 課税免除事業から生じる収入が総収入の75％以上であること
> ⑨ 税引前利益が支払利息の1.25倍以上あること
> ⑩ 12カ月以内の期間で課税免除事業から生じた所得のうち90％以上を配当すること
> ⑪ 特定の株主が議決権の10％以上を有しないこと

　このように、それぞれ収益構造の異なる既存の不動産会社が、REITの要件を満たしやすいように便宜が図られている。

　さらに、不動産会社のREIT転換をそのまま認めた場合、国税庁側からみると税収の減少を招くので、これに対応する制度として、第４章で紹介するフランスの出口税（Exit Tax）を参考にしたと思われる「エントリー・チャージ制（Entry Charge）」（2006年財政法第112条）が導入された。つまり、REITに転換する不動産会社の有する事業のうち、課税免除事業にかかる不動産を、REIT転換時に、時価で売却し、再び買い戻したとみなし、REITの帳簿価格を時価ベースにする。転換直前の売却益は未実現利益であるので、課税はされない。

　ただし、（転換時課税免除事業資産時価／課税事業税率）×２％によって計算されるエントリー・チャージを課す。エントリー・チャージを一括課税したのでは、負担が大きい場合があるため、４年間の分納が認められている。

　英国会社法（Companies Act）は、このようなREIT転換について株主総会の承認を要求していないが、ロンドン証券取引所上場規則（Listing Rule）第10章においては、REITとして所有制限条項や超過株式条項を規定するための定款変更について、株主の承認を要求している。

　エントリー・チャージの支払いについては、上場規則第10章に定める総資

産、利益、時価総額、総資本のいずれかの基準と比較しても、重要性が高くないので、株主総会の承認を要求されることは少ないが、株主に対する開示が要求されている。

上場規則においては、上場時（新興市場であるAIMは除く）、上場規則2.2.7により700,000ポンド以上の時価総額等を要求しているが、これ以外については、一般事業会社と投資ビークルについて異なった規定を置いている。つまり、一般事業会社用の上場基準である上場規則第6章と投資エンティティー用の上場基準である上場規則第15章である。

REITに対して、上場規則第15章が適用されるためには、投資リスクを分散化した投資方針を公表し遵守することが求められ、この条件を満たさない場合には、上場規則第6章が適用される。

上場規則第6章では、上場に際して、過去3年間の営業実績と監査済財務諸表の開示が必要とされ、上場規則第15章では、このようなトラック・レコードが必要とされないかわりに、投資運用に関する十分な経験が要求される。

また、上場規則第15章では、リスクや財産評価の開示、取締役会や運用マネージャーの独立性を維持しなければならない。自主規制機関である英国上場管理機構（UK Listing Authority、通称「UKLA」）は、企業再編に伴い上場規則第6章が不適合になる場合には、上場規則第15章を適用することにしている[104]。

以上のように、英国では、非上場会社や新興市場であるAIM上場会社のREIT転換は認められていないものの、当局の柔軟な対応により、既存の上場不動産会社をREITに転換することによって、REIT市場を短期間のうちに、成長させることに成功した。

さらに、REITが課税免除要件を満たさなくなった場合、賦課金が課されるため、これを逃れるべく、REITは、あらかじめ株主の承認を得て、定款に所有制限条項や超過株式条項を設定し、REITとしての地位を脅かす株主が一定の所有割合を超えた場合には、超過部分の売却を要求し、超過部分の配当

---

[104] "Listing a UK-REIT on the London Stock Exchange" London Stock Exchange plc
http://www.londonstockexchange.com/NR/rdonlyres/99E53671-D730-4257-B1B0-4584EEED0029/0/ListingaUKREIT180507.pdf#search='listing a ukreit'

を支払わない措置をとる[*105]。

ただし、EU企業買収指令第11条のオプトイン、いわゆる「ブレークスルー条項（Break Through Provision）」により、当該措置を含む定款または契約に基づく対象会社の株式譲渡の制限または議決権の制限は、50％超の取得を目指す公開買付期間中または防衛措置を授権・承認・追認する株主総会において効力を生じないとされている。また、同条により、複数議決権株式も、1株について1議決権とみなすこととされているので、複数議決権株式は公開買付に対して無力である。

このように英国では、所有制限条項及び超過株式条項は、株主総会決議の承認により発効することができるが、50％超の取得を目指した公開買付に対する抑止力はないのである。

3-2 英国の不動産会社とREITのM&A法制

EU域内のM&Aについては、EU企業買収指令によって、統一化されつつあるが、このEU企業買収指令が主として参考としたのは、英国のM&Aに関するルールを定めたシティーコード（The City Code on Takeover and Mergers）である。英国におけるM&Aは、株主を公平に扱うことと、株主に判断させることを基本原則としたシティーコードによって規制されており、1968年設立のパネル（The Takeover Panel）が、シティーコードの運用（2006年会社法28篇に定める職務）を遂行し、これに従わないものに対しては、会社法第952条に基づく制裁を課すことができる。

まず、買収者側が上場会社の場合、注意を要するのは、重要取引（Significant Transaction）を規定したロンドン証券取引所上場規則第10章である。対象とする株式総額（資産譲渡の場合は資産総額）が、上場規則第10章添付資料1に規定する買収者の総資産、利益、時価総額、総資本のいずれかの基準と比較して25％以上を上回る場合には、完全親子間取引でない限り、株主総会の承認が必要になる。また、買収者が子会社を通じて買収を行う場合にも、上場規則10.1.3により、親会社である買収者の株主総会の承認が必要である。

[*105] Id.

買収の手法としては、公開買付（Takeover）とスキーム（Scheme of Arrangement）の2種類がある。株式交換や株式移転の制度はなく、合併や分割は、手続きが煩雑でコストがかかるため、利用されることは少ない[106]。

公開買付は、買収者が対象会社の株主に対して、対象会社の支配権の目安となる30％超の株式所有比率を買い付ける結果となる場合にシティーコード9.1によって義務づけられた公開買付方法であり、会社の救済を目的としている場合には、パネルにより公開買付手続きが免除されることがある。また、買収者は、シティーコード24に基づき公開買付文書に対象会社の従業員の雇用に対する影響を記載しなければならず、対象会社の取締役会は、シティーコード30.2(b)に基づく意見表明報告書に従業員代表の意見を添付しなければならない。このようなステークホルダーである従業員を重視する姿勢は、英国のシティーコードのみならずEU企業買収指令に共通する基本理念である。さらに、2006年会社法第172条は、取締役の「努力義務」として、ステークホルダー（従業員、仕入先、顧客、地域社会など）の利益の配慮を規定している。

スキームは、対象会社が、資本変更案について株主と裁判所の承認を得て行われる。

対象会社株式の100％を買い付ける全部買付の場合には、パネルの承認が不要であるが、100％未満の買付けをする部分買付の場合には、シティーコード9.3によって発行済株式の50％超の取得につき、パネルの事前承認が必要になる。

公開買付を実施する場合には、あらかじめ対象会社の主要株主との間で応募同意（Irrevocable）を締結するが、その中の解約条項には、有利な競合入札があった場合には解約できる旨が規定（マッチング・ライト条項）されている。近年は、米国の影響を受けて、ターミネーション・フィー（英国では「ブレーク・フィー」という）を盛り込むことが頻繁になってきている。ターミネーション・フィーは、シティーコード21.2において、最小限にすべきとされており、買付総額の1％以内とされている[107]。さらに、REITの場合に

---

[106] 北村雅史、2008年「イギリスの企業結合形成過程に関する規制」商事法務1832号 16頁

は、ターミネーション・フィーの支払いによって、課税免除事業から生じる収入が総収入の75％以上であること、税引前利益が支払利息の1.25倍以上あること、という２つの課税免除要件に抵触しないよう注意を要する。

ところで、公開買付について、シティーコード9.5(a)は、株主公平の原則の観点から、次のような規定を置いている。

> ① 公開買付価格は過去３カ月以内の最高買付価額以上とすること
> ② 公開買付期間中により高価格で買付けを行った場合、公開買付価格もそれに応じて引き上げなければならない
> ③ 過去12カ月以内に10％以上の株式を現金で買い付けた場合には、公開買付も現金を対価としなければならない
> ④ 過去３カ月以内に10％以上の株式を証券によって買い付けた場合には、その証券を対価としなければならない
> ⑤ 公開買付前後を含む期間において特定の株主に対する（米国でいうところの「サイド・ペイメント」）を規定したスペシャル・ディールを締結してはならない

さらに、シティーコード31.4は、少数株主保護の観点から、買収者は公開買付期間終了後少なくとも14日間は、買取り要請に応じなければならないと定めている。

また、会社法第974条、第979条、第981条に基づき、発行済株式の90％以上を取得した場合、スクイズアウトが認められており、同法第983条〜第985条により、株主からの買取り請求も認められる。

裁判所の手続きが必要なため、スキームは時間を要するが、完全子会社化を目指している場合には、スクイズアウトに時間を要するテイクオーバー（シティーコード2.5に基づくアナウンスメントから６〜７カ月）よりも、スキーム（同アナウンスメントから４〜５カ月）のほうが短期間で手続きを完了させることができる。

---

[107] 乗越秀夫、2007年「英国における公開買付けルール」国際商事法務Vol35、No４ 512頁
対象会社取締役とフィナンシャル・アドバイザーは、シティーコード24.2（ｄ）によってパネルへの書面確認が義務づけられている。
上場規則10.2.7は、１％超の場合、株主総会の承認事項としている。

スキームは、一般的に、対象会社が、会社法に基づいて、資本の全部減少と買収者に対する新株発行を行い、買収者が、対象会社に払い込むのではなく、対象会社の株主に対して対価を支払う方法（Reduction Scheme）によって行われる。

　このようにスキームは、友好的買収にしか利用できない手続きであるが、テイクオーバーの場合は、敵対的買収が可能である。

　シティーコード21.1と同21.2において、敵対的買収のオファーを受けたり、受けることを察知した場合、株主総会の承認を得ることなく、対象会社の取締役会が、株主の利益機会を奪うような買収防衛、具体的には、新株の発行、自己株式の処分、ワラントその他の株式に転換できる証券の発行、多額の財産の取得または処分、通例でない契約を行ってはならないとしている。これを、「中立義務（No Frustrating-Action Rule）」という。ただし、対象会社の取締役会は、競合公開買付や増資を引き受けてくれるホワイトナイトを探すことは許される。なお、ホワイトナイトを見つけて第三者割当増資をする場合には、同族会社基準（10%以上所有）に抵触しないよう割当先や割当数などを調整したうえで、会社法上の株主が平等に増資を引き受ける権利「株式引受権（Pre-emption Rights）」を適用除外とする株主総会の特別決議（会社法第569条〜第571条）が必要になる。

　また、発行済株式総数（自己株式を除く）の20%を超えてワラントやストックオプションを発行することをロンドン証券取引所上場規則6.1.22は禁止しており、ポイズンピルの発動（割当て）はできない。

　英国においても、対象会社がいわゆる防戦買いを行うことは認められている。自己株式の取得については、買戻対価が資本元本を超えた場合、超えた部分については税務上のみなし配当として課税されるが、REITの場合、みなし配当課税の解釈についてどのように取り扱われるかは不明確である。

　対象会社の取締役会は、敵対的公開買付に対抗して株主に対する勧誘を行うことができるが、敵対的買収者が発行済株式の過半数を取得するに至った場合、少数株主保護の観点から株主に買付けに応じるよう勧告することが一般的になっている[*108]。

　2006年会社法第303条〜第304条は、発行済株主資本の10%以上を有する議

決権付株式の株主（複数の場合、合算して判定）は、株主総会の招集を取締役会に請求することができ、取締役会は、請求から21日以内に株主総会を招集し、招集日より28日以内に株主総会を開催しなければならないと規定しており、取締役会がこれに従わない場合には、同法第305条により株主が招集することができるので、これによって、取締役の入替えが可能になる。

このようなシティーコードによる全部買付義務は、敵対的公開買付のハードルを高くしているので、友好的買収が前提となる。

しかしながら、Great Portland Estate plcがLondon Merchant Securities Group Ltd.と友好的な買収交渉をしている際、Derwent Valley Holdings plcとの合併交渉も並行して行われ、最終的にDerwent Valley Holdings plcが競り勝って初の英国REIT同士の合併が実現したように、入札競争が行われる可能性は十分にある。このような水面下の交渉が報道されたり、不自然な株価変動が生じた場合には、情報開示義務が発生する。

REITの再編については法整備が途上の段階にあり、2007年改正財政法スケジュール17によって第126条Aが追記され、別のREITから会社分割されたREITが新規登録する場合、エントリー・チャージが課されないこととされた。

また、制度面の未整備により、次の2つの問題点が存在する[*109]。

① 非REITによるREIT買収

英国REITの再編について、2007年8月23日にLocal Shopping REIT plcが現金と株式によりランカシャーにある未上場の非REIT不動産会社Gilfin Property Holdings Ltd.を買収した事例でみられるように[*110]、REITが非REITを買収することは可能である。ただし、この場合、財政法第134条により、子会社化する会社（保険会社とオープン・エンド型投資会社を除く）の75％以上を所有しなければ、当該子会社はREITのグループとみなされず、税制特典の対象外となる。

[*108] 乘越、前掲[*107] 513頁
[*109] "UK REAL ESTATE INVESTMENT TRUSTS 2007" the Property Industry Alliance, at 57-62 http://www.bpf.org.uk/pdf/21013/Property Industry Alliance REITs report.pdf
[*110] Local Shopping REIT plcの8月23日付リリース http://www.localshoppingreit.co.uk/upload/Local%20Shopping%20REIT%20-%20first%20acquisitions%20-%20final%20approved. pdf#search = 'Gilfin Property Holdings Local Shopping REIT'

> 逆に、非REITによるREIT買収については、米国REITでは頻繁にみられることであるが、英国における事例はない。現在、英国のREIT法制においては、非REITがREITを買収した場合、どのような場合にREITとしての地位が脅かされるかについて不明確である。
> ② 減資を伴う買収（Capital Reduction Demerger）
> 株式資本の返済として会社から切り離された資産を株主が受け取るスキームを利用して現存REITが親会社を新設する場合について、財政法第4編が想定していないので、新しい親会社は、REITとして新規登録を行わなければならない。

3-3　英国の不動産会社とREITのガバナンス

　ロンドン証券取引所に上場する会社（REITを含む）は、上場規則9.8.6(5)(6)に基づいて、財務報告法議会（Financial Reporting Council）が定めたコンバインド・コード（Combined Code）*111の遵守状況について開示し、遵守していない場合にはその理由を開示しなければならない。

　コンバインド・コードA2.1は、取締役会の有効性の確保の観点から、取締役会議長（Chairman of the Board）と最高執行責任者（Chief Executive）は兼務されるべきでないとしている。

　加えて、コンバインド・コードA3.2は、議長を除く取締役会の半数は、非業務執行の独立取締役（Independent Non-executive Director）によって占められるべきであるとしている。

　また、コンバインド・コードA4.1、同B2.1、同C3.1は、指名委員会の過半数、報酬委員会と監査委員会に至っては全員が、非業務執行の独立取締役であるべきと規定している。

　さらに、コンバインド・コードB1.3において、このような非業務執行の独立取締役の報酬は、タイムチャージが望ましく、ストックオプションのよう

---

*111 取締役会の機能を検討した1992年キャドベリー報告書（The Cadbury Report）、取締役報酬を検討した1995年グリーンベリー報告書（The Greenbury Report）の成果、1995年ハンペル報告書（The Hampel Report）の提案によって1998年コンバインコードが制定された。その後も、1999年ターンブル報告書（The Turnbull Report）が内部統制に関する提言、2003年ヒッグス報告書（The Higgs Review）によって非業務取締役の機能に関する提言を受けて、コンバインコードの見直しが行われている。

な業績連動型報酬は望ましくないとしており、業務執行取締役の業績連動報酬を推奨するコンバインド・コードB1.1とは対照的である。

なお、2006年会社法第420条は取締役報酬報告の作成、同法第423条はその株主総会承認を上場会社に義務づけている。

このようにコンバインド・コードは、米国型のガバナンスを模範としている。

次に、利益相反については、上場規則第11章が関連当事者取引（Related Party Transaction）として規制されている。

上場規則11.1.4により、上場会社及び親会社並びに子会社の取締役や10％以上の議決権を有する大株主などが関連当事者とされ、会社と関連当事者との取引の金額が、総資産、利益、時価総額、総資本のいずれかと比較して、5％以上*[112]である場合には、株主総会の承認を要すると規定している。

さらに、2006年会社法第188条～第222条は、取締役と会社（上場会社の場合は子会社含む）との利害関係取引について、①2年超のサービス提供契約、②会社資産の10％超かつ5,000ポンド超、または100,000ポンド超の非現金資産取引、③金銭貸付または債務保証、④ゴールデン・パラシュートを含む役員退職金、のいずれかに該当する場合には、株主総会の承認が必要であると定めている。

同法第239条により株主総会の事後承認を得る場合には、利害関係株主の議決権行使は認められない。また、当該取引の開示義務が、同法第177条に規定されている。このように英国の利害関係取引に関する規定は、株主承認を原則としている点に特徴がある。

同法第1035条には、主務大臣による会社調査制度（Company Investigation）が定められており、信任義務違反、開示義務違反など、一般株主や政府機関からの指摘に基づいて、必要と認めた場合には調査が行われる。

英国の会社法は、米国やフランスと異なり、会社法規と証券取引関係法規の両方が会社法に規定されているため、証券関係監視についても会社法が規定しているのである。

---

*[112] 5％未満については、株主の承認は要しないが、上場規則11.1.6(1)が0.25％以下の取引の適用除外、上場規則11.1.10が、0.25％超5％未満の取引は金融サービス庁（Financial Service Authority）の規制情報サービスへの報告と決算書類への記載が必要となる。

第4章

フランスの不動産会社とREIT（SIIC）のM&Aとガバナンス

第4章　フランスの不動産会社とREIT（SIIC）のM&Aとガバナンス

4-1　フランスREITの概要

　フランスの全体的法制は、EU主導により統一される方向性にあるため、英国と共通する点が多い。そこで、以下では、すでに検討した英国法制と異なる部分を中心に検討することとする。

　フランスのREIT制度であるSIIC（Sociétés d'investissements immobiliers cotées）は、2003年予算法（La loi de finances）第11条に基づき、既存の上場不動産会社9社が、SIIC監督機関である金融市場庁（Autorité des Marchés Financiers、通称AMF）に対して、SIICとして登録したことによって開設された。SIICは、直訳の「上場不動産投資会社」という名称が示すとおり、トラストではなく、既存の不動産上場会社が賃貸収益の85％以上、譲渡益の50％以上を配当することを条件として法人税を非課税とする制度である。したがって、SIICは、トラストが起源ではないために、上場株式会社を前提とした内部運用制度を採用しており、英国や米国のような外部運用制度と内部運用制度の選択制を採用していない。

　フランスでは、英国のエントリー・チャージ制とは対照的に、既存の不動産会社がSIICの適用を受ける場合には、保有不動産を、SIIC転換時に、時価で売却し、再び買い戻したとみなし、SIICの帳簿価格を時価ベースにする。そのうえで転換直前の売却益（未実現利益）に出口税（Exit Tax）を課税する[*113]。英国のエントリー・チャージ制度とフランスの出口税制度は、REITへの転換後に課税するか転換前に課税するかの違いであり、これらの制度上の優劣はないと考えられる。

　また、SIICには、米国のUP-REITに相当する一般不動産のSIIC化促進策として、2006年の第3回予算法改正（SIIC 3）に基づくSIICに対する不動産売却益にかかる法人税半額免除制度がある。

[*113] 出口税は、転換直前の売却益（未実現利益）×一般法人税率×0.5によって計算される。出口税を一括課税したのでは、負担が大きい場合があるため、4年間の割賦が認められている。
　詳細は、広岡裕児、2003年「SIICについて」ARES 5号23-27頁、6号23-26頁、不動産証券化協会参照

4-2 フランスの不動産会社とREITのガバナンス

　フランス商法典（Code du Commerce）は、米国のような独立取締役の設置を要求していないので、客観性で劣っている。しかしながら、SIICを含む上場会社は、投資家からの要請に応じて、米国型の委員会（Comité）を任意で設置する場合がある。

　フランスにおけるガバナンスは、英国と同様、従業員に相当の配慮をしている。つまり、商法典第225-23条及び第225-27条、EU公開買収指令を国内法化した2006年公開買付法（LOI n°2006-387 du 31 mars 2006 relative aux offres publiques d'acquisition）第7条は、役員選任や公開買付時の情報提供において従業員へ配慮することを要求している。

　ゴールデン・パラシュートなど利害関係者取引については、商法典第225-40条第3項に基づき、事後に株主承認を得ることが原則となる。さらに、SIICは、2003年予算法第11条により、直接または間接的に過半数を所有する利害関係者との取引から発生した譲渡益については法人税を課税するという、他国に比べ利益相反に対して厳しい制裁を用意している。

4-3 フランスの不動産会社とREITのM&A法制の問題点

　フランスの公開買付手続きは、通貨金融法典（Code monétaire et financier）、2006年公開買付法、金融市場庁の一般原則（Règlement general）に規定されており、英国と同様、そもそも全部取得を目指したものしか認められていない（これを補完するためのスクイズアウトの規定もある）。

　加えて、フランスの場合、英国ではパネル承認不要とされる全株取得を目的とした公開買付であっても、金融市場庁一般規則第231-13条に基づく金融市場庁の事前審査と承認を受けなければならないという規制がある。

　フランスにおける買収防衛策（Defense anti-offres publiques d'acquisition）については、かねてより複数議決権株式等を使用した種類株式等が買収防衛策として利用されてきたが、歪められたコーポレート・ガバナンスとして米国等から非難を受けており、EUは域内でこれを禁止する方向で動いている[114]。

また、ポイズンピルについては、商法典第233-32条第Ⅰ項に基づく株主承認が必要である。

　不動産会社やSIICが当事者ではないが、2004年3月、製薬会社Sanofi Synthélabo S.A.による敵対的公開買付に対して同業のAventis S.A.がこれに対抗してポイズンピルを有事導入しようとしたところ、金融市場庁が当該計画を拒絶したという事例がある*115。しかしながら、フランスにおいては、英国のようにポイズンピルを完全に否定しているわけではなく、その判断が金融市場庁に委ねられているので、ポイズンピルの取扱いは流動的であるといってよい。

　それでは、所有制限条項や超過株式条項については、どうみなされるのであろうか。

　これまでフランスでは、2003年予算法が株式所有比率を制限していなかったので、SIICに関する所有制限条項など所有比率の問題は議論されなかった。しかし、2007年の第4回予算法改正（SIIC 4）によって、新たに多数派株主（または協力して行動している株主）によって所有されるSIICの所有比率は2009年12月末までに60％以下でなければならないことになった。これによって、大株主の所有比率の高いSIICは、所有比率の引き下げを迫られている。具体的には、2004年6月に非SIICであるInmobiliaria Colonial S.A.が、公開買付によって子会社化したSIICのSociete Fonciere Lyonnaise S.A.などである。今後、フランス政府がこのような所有制限もしくは同族会社基準を強化すれば、英米のように、各SIICは、所有制限条項と超過株式条項を採用することになろうが、その発動を市場金融庁が認めるかどうかは不明であり、今後の動向を見極めるほかない。

　最後に、ターミネーション・フィーについては、商法典上の違法な利益供与にあたらないかどうか、第三者からの買収提案を不当に阻害するものと金融市場庁に判断されないかをあらかじめ配慮する必要がある。仮に、配慮がなされなかったとしても、最終的に裁判所がターミネーション・フィーを妥

---

*114 企業価値研究会、2005年「企業価値報告書～公正な企業社会ルール形成に向けた提案」53-55頁
*115 Eric Cafritz "Poison Pill May Weaken French Targets" International Financial Law Review Fried Frank MAY 26, 2004　http://www.ffhsj.com/index.cfm?pageID=81&itemID=1822

当な水準に調整する権限を有している。

　また、SIICが受領するターミネーション・フィーが総収入に比して高いとしても、SIICの資格要件には収入基準がないので、米英のような資格喪失やペナルティーにつながる危険性はない。

第5章

豪州REIT（LPT）の M&Aとガバナンス

第5章　豪州REIT（LPT）のM&Aとガバナンス

5-1　豪州REITの概要

　豪州REITと英国REITの違いは、英国REITが主として株式会社形態の内部運用制度であるのに対して、豪州REITがトラスト形態の外部運用制度（External Management：REITは会社形態ではなくトラスト形態のみであり、Responsible Entityと呼ばれる資産運用会社は株式会社形態）を採用していることである。豪州証券投資委員会（Australian Securities and Investment Commission：以下「ASIC」という）は、資産運用会社を認許可事業（Australian Financial Services Licence）とすることによって、資産運用会社の信任義務や開示義務等を監督している。

　また、豪州の2001年会社法（Corporations Act）は、英国会社法の影響を受けている。しかしながら、英国会社法が、株式会社と同様にREITを取り扱うのに対して、豪州REIT（Listed Property Trust）は、トラスト形態であるので、豪州会社法にはトラスト（豪州会社法上のManaged Investment Schemes）のための規定（会社法第5C章等）が別途置かれている。このため、豪州REITについては、株式会社の規制が適用されない場合があり、後述するように、ユニットホルダーが株式会社の株主と同等の権利を認められない場合がある[116]。

　豪州所得税法（Income Tax Acts）は、英国と同様に、税法上、課税事業と非課税事業を区分規定しているが、英国と異なる点として、資産運用業務を非課税事業としていない点が挙げられる。また、豪州REITは、かつてのフランスと同様に、英米のような同族会社基準がないところに特徴がある。

---

[116] 豪州REITにも株式会社と同様のM&A規制が適用され、役員の入替えに関する議決権が投資家に認められるようになったのは、2000年会社法第6章改正以降である。

5-2 豪州REITのガバナンスの問題点

　豪州では、資産運用会社のガバナンスや利益相反について、客観的判断ができる法令遵守体制の構築と受任者責任の過重が会社法第5C章に定められている反面、チャイニーズウォールの設定を条件として複数の不動産ファンドの運用受託が認められている。加えて、実際には、資産運用会社がスポンサー企業の傘下であることが多く、REITと運用会社の持分構成の違いに起因した利益相反が問題視されている。例えば、マイケル・パーシャル（Michael Parshall）は、「外部運用制度の欠点は、ビジネス上の問題（マネージメントフィー、開発委託料、資産運用会社の利益とトラストの利益の優劣）と法律上の問題（責任分担、税引前所得のパススルー、利害関係者取引）の組合せである。… ASICは、株式とユニット証券の間の権利を調整するために特別措置が必要と考えているようだ」と述べている[117]。また、このような資産運用会社の利益相反については英米諸国の機関投資家からの批判があるため、豪州REITは、米国流の委員会制度や独立委員制度を導入したり、利害関係者の議決権を法的に認めないなど、対応策を実施している。

　しかし、それでも不十分との声があるため、内部運用化の手法として注目されたのが、ステープルド・セキュリティー（Stapled Securities）である[118]。ステープルド・セキュリティーは、本来、不動産開発や商業施設・ホテル運営等課税事業とREITの非課税事業を分離することを目的としたスキームであり、非課税事業を行う非REIT株券とREITユニット証券とのホッチキス留めをして、分離取引を認めない「ハードステープリング（Hard Stapling）」と、ホッチキス留めをせずにREITによる非REIT株式会社の子会社化を図る

---

[117] Michael Parshall "LPTs in 2005 - A long journey from 1991" Real Estate Insights, Clayton Utz (16 August 2005) http://www.claytonutz.com/areas_of_law/controller.asp?aolstring=0&na=949

[118] ステープルド・セキュリティーは、1988年に、Stockland Trust Groupが初めて導入した。同年2月、Stockland Trust（以下「トラスト」という）は、税制改革によって新たに課税されることになった事業を明確に分離することを目的として、ユニットホルダーの承認後、完全子会社のStockland Corporation Limited（以下「SCL」という）へ課税事業を譲渡し、SCL株式をトラストの全ユニットホルダーへ現物配当した（なお、トラストの資産運用会社であるStockland Property Management Limitedは、SCLの完全子会社として位置付けられた）。

　さらに、SCL株式が豪州証券取引所に上場し、2つの上場証券（トラストユニットとSCL株券）がStockland Trust Group証券としてホッチキス留めして取引されるようになった。

（詳細はStockland Trust GroupのHP参照 http://www.stockland.com.au/About/History.html）

「ソフトステープリング（Soft Stapling）」がある*119。REITと資産運用会社のステープルド・セキュリティーは、資産運用会社とREIT、REITのユニットホルダーと資産運用会社の株主（スポンサー）の利害関係を一致させるという考え方*120もできるが、それは不完全な利害関係の一致であるかもしれないことに注意すべきである。

まず、REITと資産運用会社のハードステープリングは、非REITの資産運用会社等とREITの持分構成の違いによって不公平が生じる*121。REITと資産運用会社のソフトステープリングは、ユニットホルダーが資産運用会社に直接議決権を行使できないという問題がある（ただし、ユニット証券の議決権行使により資産運用会社の選任・解任を決定できる）*122。これらハードステープリングとソフトステープリングの共通の問題としては、2つの法人の間接費や事務負担が重複すること、英米諸国では非課税である資産運用業務にも課税されてしまうことである。つまり、REITと資産運用会社のステープルド・セキュリティーは、内部運用制度や英国のリングフェンス・アプローチよりも非効率で、競争力がない制度であるといえる。

5-3 豪州REITのM&A法制の問題点

豪州の会社法や証券取引所規則（Listing Rule of Australian Securities Exchange）等に規定されたM&A制度は、英国の影響を受けており、パネル承認、全部買付、対象会社取締役の中立義務、株主承認、株主の株式引受権など共通点が多い。

しかしながら、全部買付については、2004年、Lend Lease Corporation Limitedが、Stockland Trust Groupによる対抗提案によって、General Property Trust（以下「GPT」という）に対する全部買付に失敗し、さらに条件を引き上げるために合併提案へ変更したが、GPTのユニットホルダーの承

---

*119 Parshall, supra note 117
*120 2009年2月10日開催「投資家に信頼される不動産投資市場確立フォーラム」ワーキンググループ検討状況中間報告3頁　http://www.ares.or.jp/works/seminar/pdf/sijokakuritsu_forum04_houkoku.pdf
*121 2004年にDB RREEF Trustが、ハードステープリングにするにあたって資産運用会社の株式の半数しかユニットホルダーへ譲渡していない。Parshall, supra note 117
*122 General Property Trustがソフトステープリングを採用している。

認を得られず、失敗した事例*123が示すように、豪州の公開買付成功率が低いのは、会社法第6章に定めている公開買付が全部買付であり、部分買付を認めていないことが原因であるという見解もある。

また、豪州会社法のトラスト規制の問題点は、英米と同様に、株式会社規制に比べトラスト規制が緩い点にある。例えば、豪州の株式会社は、会社法や証券取引所規則等によって、第三者割当増資やポイズンピルの発動等、重要行為には原則として株主の承認が必要であるとしているのに対して、トラスト規制では、ユニットホルダーの承認を経ずに、重要行為（有利発行第三者割当増資、トラストの分割など）を行うことができる。

それゆえ、トラスト規制が適用されるAMP Shopping Centre Trustが、Centro Retail Trustからの敵対的公開買付に対抗してスポンサー企業の出資比率維持を目的としたポイズンピル（スポンサー企業との共有持分設定契約における出資比率維持違約金としてのワラント付与）の存在を発表したときも、パネルは、ユニットホルダーへの事前説明がなされていないとの理由で否定するにとどまり、投資家承認を得ていないことによって否定するまでには至っていない*124。しかも、このような前例を逃れるため、2005年にCentro Retail Trustがトラストのスピンオフ時に導入したポイズンピルのように、スポンサー企業との資産共有契約においてポイズンピルが存在する旨をあらかじめ開示して投資家に承認を得ないまま導入してしまうケースが生じている。もちろん、このような特定のスポンサーの支配権を維持するためのポイズンピルは、投資家等から批判されている*125。

また、豪州所得税法には同族会社基準がないため、全部買付が実施されたとしても、導管性喪失による課税問題はなく、豪州REITの既存ユニットホル

---

*123 Lend Lease Corporation LimitedのHP（http://www.lendlease.com.au/）内2004年度開示情報参照。なお、Stocklandの合併提案もGPTのユニットホルダーに拒絶され、最終的にGeneral Property Trust（GPT）は独立を維持した。

*124 'Panel Publishes Reasons in AMP Shopping Centre Trust Review'(3 June 2003) about CPT Manager Limited (as responsible entity for Centro Property Trust) v. the AMP Shopping Centre Trust.
　Westfield Trustが、Centro Retail Trustに対抗してTOBを実施し、最終的にAMP Shopping Centre TrustはWestfield Trustに買収された。

*125 'Centro's poison pill hard to swallow' THE AUSTRALIAN(June 24, 2005)
　http://www.theaustralian.news.com.au/story/0,20867,15710467-16941,00.html
　豪州では、トラストのスピンオフについてユニットホルダーの承認を要しない。本件の場合、反対ユニットホルダーのユニットを買い取るということで、問題解決がはかられた。

ダーに税務上の不利益は生じない。よって、英米諸国のような定款上の所有制限条項や超過株式条項を定める必要がない。このため、特定の者が節税を目的としてREITを100％支配することが可能になっているので、今後、フランスREITと同じように同族会社基準の段階的な導入過程を経ることが望まれる。

さらに、豪州のターミネーション・フィーについては、パネルによって英国と同じルールが適用され、その支払いは1％までとされている[126]。フランスと同様に、豪州REIT資格には収入基準がないため、豪州REITがターミネーション・フィーを受け取る場合、資格喪失やペナルティーを考慮する必要はない。

---

[126] Cameron P., A. Knox, J. Webster, S. Cole &S. Clifford, 2001, "Break fees and other lock-up devices" Allens Arthur Robinson

第6章

J-REITのM&Aと
ガバナンス

第6章　J-REITのM&Aとガバナンス

6-1　投資信託及び投資法人に関する法律

　不動産投資信託の投資法人設立の根拠法令である「投資信託及び投資法人に関する法律（以下「投信法」という）」は、もともと、証券投資信託に適用するために昭和26年6月4日に施行された「証券投資信託及び証券投資法人に関する法律」を改称したものであり、信託を大前提としている。

　しかし、投資法人に関する大部分の規定は、会社法の規定を準用しているので、投資法人は、株式会社と投資信託の中間的存在である。

　したがって、投資法人は、株式会社と同様に、「借入れ」「普通社債発行」「投資主割当増資」「第三者割当増資」「吸収合併」「新設合併」「事業譲渡」が認められているが、会社法において認められている「現物出資」「新株予約権」「転換社債」「種類株式」「会社分割」「株式交換」「株式移転」については認められていない。すなわち、投資法人は、組織再編について株式会社のような豊富な選択肢はないといえる。

　不動産私募ファンドとJ-REITの相違点については、不動産私募ファンドが、少数の顧客のニーズに対応したオーダーメイドであり、顧客からの指図

表2：株式会社と投資信託の比較

ビークル形態	株式会社	投資信託
準拠	会社法制	信託法制
資産種別	資産を特定しない運用型	原則資産が特定された流動化型
有価証券種別	有価証券	特定有価証券（資産証券）
法人格	あり	原則なし
運用業務または経営	内部運用（社内で経営判断）	原則運用会社による外部運用
存続期間	原則無期限	原則期限あり
受託者と委託者の関係（役員と株主の委任関係）	非指図型（一任）	原則指図型
受託者（役員）の信任義務	法定	原則任意
ガバナンス	原則法定	原則なし
受益者間の調整機能（株主間の利害調整）	あり	原則なし
間接金融	選択肢多い	限定的
ステークホルダーへの配慮	あり	原則なし
再編	選択肢多い	限定的
事業再生	選択肢多い	原則清算

によって運用されるのに対して、J-REITは、日々の譲渡により異動する不特定多数の投資家から投資を受け、会社法上の会社と同様に、運用業務（取引や運営）が非指図型で、投資家から投資法人に一任で委任されている。したがって、信任義務の性質も、指図型と非指図型とでは異なるものとなる。つまり、非指図型は、不特定多数の投資家から指図や承諾を得ることが不可能ゆえに、その分だけ、より高度な「専門家責任」を負うことになり、より高度なガバナンスが要求されることになる。高度なガバナンスとは、高度に牽制の効いた客観的で透明な意思決定体制である。

投資法人の経営体制は、投信法第95条に定める1名以上の執行役員と、その執行役員数よりも多い監督役員が必要である。

さらに、同条は執行役員と監督役員の両方によって構成される役員会を定めている。

監督役員は、投信法第101条に基づく監査権限、同法第102条に基づく役員会の議決権を有しており、同法第104条に基づいて、執行役員を解任し、指名することもできる。

したがって、投資法人の組織機構は、米国のような取締役と業務執行役員の関係が成立しているといえるので、会社法上の委員会非設置会社に比べ、牽制の効いたガバナンス体制が構築されている。しかも、米国の業務執行役員は取締役会を兼務することが認められているのに対して、投資法人の執行役員は監督役員を兼務することが認められていないので、米国よりも客観性が確保されている。

また、投資法人は、投信法第63条により資産運用以外の業務は認められておらず、従業員を雇用することができない。さらに、実際の不動産投資信託に関する運用（アセットマネジメントやプロパティ・マネジメントなど）については、投信法第198条及び租税特別措置法（以下「租特法」という）第67条の15により、投資法人が金融商品取引法（以下「金商法」という）上の資産運用業の許可資格を有する外部の資産運用会社（会社法上の株式会社）にすべての運用業務を委託（一任取引）しない場合、税制上の導管性を否定される。このように、投資法人は、資産運用について、資産運用会社に指図したり、事前承諾することができない。つまり、J-REITは、英米型の内部運用

制度ではなく、豪州型の外部運用制度を採用しているのである。

投資家からみると、運用業務が再委任されていることになるので、投資法人と資産運用会社の間で締結される運用委託契約書は、投信法第198条第2項に基づく投資主総会の普通決議による承認が必要となる。

6-2 J-REITの導管性要件

J-REITの導管性は、租特法第67条の15に基づき、別に政令で定めがない場合、以下の9つの要件をすべて満たすことによって、支払配当額を損金算入することができる。

◆組織要件
① 投資法人として投信法第187条に基づく内閣総理大臣の登録を受けているものであること
② 投資口の募集のうち、50%超を国内で実施していること
③ 資産運用以外の営業を行ったり、本店以外の営業所を設けたり、または使用人を雇用したりしてはならない旨を定めた投信法第63条に違反していないこと
④ 設立に際して公募発行をした投資口の発行総額が1億円以上であること、または、当該事業年度終了時において、発行済投資口が50人以上の投資家あるいは金商法上の適格機関投資家のみによって所有されていること
⑤ 投信法第198条第1項に基づき、投資主総会で承認を得たうえで資産運用会社に資産運用業務を委託していること
⑥ 資産保管業務を投信法第208条第1項に基づく資産保管会社に委託していること
⑦ 当該事業年度終了の時において、法人税法上の同族会社に該当していないこと。ここでいう同族会社とは、法人税法第2条第10号において、発行済投資口の50%超を上位3者が有する会社と定義されていたが、2008年5月に上位1名で判定するよう改正（租特法施行令第39条の32の3第4項）された

◆資産要件
　他の法人の発行済株式または出資（当該他の法人が有する自己株式等を除く）の総数または総額の過半数以上を有していないこと
◆配当要件
　当該事業年度の配当等支払額が当該事業年度の配当可能利益の90％超であること

6-3　J-REITの上場基準（不動産投資信託証券上場基準）

　東京証券取引所に上場している不動産投資信託証券は、同取引所有価証券上場規程（不動産投資信託証券）第1205条に定める以下の基準を満たす必要がある。

① 投資口の解約や払戻しができないこと（クローズド・エンド型であること）
② 運用資産等の総額に占める不動産等の割合が70％以上であり、かつ、運用資産等の総額に占める不動産等、不動産関連資産及び流動資産等の合計額の比率が95％以上であること。また、資産総額は50億円以上であること
③ 純資産総額は10億円以上、1口当たり純資産額が5万円以上であること
④ 投資口数が4,000口以上であること
⑤ 大口投資主（上位10名）の所有割合が75％以下であり、それら以外の投資主数が1,000人以上であること
⑥ 決算期が6カ月以上であること
⑦ 配当が継続して実施されていること（ただし、天変地異等を除く）
⑧ 資産運用会社が投信法第50条に規定する投信協会の会員であること
⑨ 虚偽記載など会計監査上の問題がないこと
⑩ 適時開示体制、資産運用体制が適切であること、ただし、上場後2年間が経過するまで、適時開示の助言契約を証券会社と締結していること
⑪ 指定振替機関の振替業における取扱対象であること

⑫ 投資主名簿管理人が取引所認定機関であること

　特に、②の数値基準については、2006年7月に改定されており、今後も変更される可能性がある。

6-4 J-REITの上場廃止基準（不動産投資信託証券上場廃止基準）

　東京証券取引所有価証券上場規程（不動産投資信託証券）第1218条に定める「不動産投資信託証券上場廃止基準」は、次のとおりである。

① 規約の変更により投資口の解約、払戻しができるようになること（オープン・エンド型になること）
② 投信法第143条に定める解散が行われる場合。破産、再生手続きが必要になった場合
③ 1年以上にわたって、運用資産等の総額に占める不動産等の割合が70％未満であり、かつ、運用資産等の総額に占める不動産等、不動産関連資産及び流動資産等の合計額の比率が95％未満である場合。また、資産総額が25億円未満である場合
④ 1年以上にわたって、純資産総額が5億円未満である場合
⑤ 投資口数が4,000口未満、過去1年の売買高が20口未満である場合
⑥ 規約変更により決算期が6カ月未満となる場合
⑦ 無配が1年以上継続する場合（ただし、天変地異等を除く）
⑧ 資産運用会社が投信法第50条に規定する投信協会の会員でなくなる場合（金商法に定める投資運用業登録が取り消される場合を含む）
⑨ 虚偽記載など会計監査上の重大な問題があること。有価証券報告書等に重大な虚偽記載や不提出がある場合
⑩ 適時開示に関して改善報告書を複数回提出し、改善が行われない場合
⑪ 指定振替機関の振替業における取扱対象とならないことになった場合
⑫ 投資主名簿に関する事務を取引所認定機関に委託しないことになった場合
⑬ 上場規程や誓約につき、重大な違反があった場合

特に、③の数値基準については、2006年7月に改定されており、今後も変更される可能性がある。

6-5　J-REITのM&A

◆6-5-1　投資法人の合併

　投資法人の合併については、投信法第145条～第150条に定める「吸収合併」と「新設合併」がある。投資法人の合併は、あくまで投資法人同士の合併であって、株式会社等、他の形態の会社との合併は認められない。

　まず、一般的に利用される「吸収合併」について検討してみることにしよう。合併契約については、投信法第109条第1項、同条第2項第6号に基づき両当事者が合併契約書を締結することになるが、当該契約については両投資法人の投資主総会において特別決議が必要となる。反対議案がない限り、かかる特別決議については、無投票分を賛成とみなす「みなし賛成」制度（投信法第93条）が適用される。

　投資法人の吸収合併においても、簡易合併制度が存在するが、株式会社と比較して要件が異なる。つまり、株式会社においては、存続会社が消滅会社の株主に交付する存続会社株式の発行総額が、存続会社の純資産の20％以下である必要があるが、投資法人の場合、投信法第149条の7第2項に基づき、存続投資法人が存続投資法人の投資口を消滅投資法人の投資主に交付した後、存続投資法人の発行済投資口総数が発行可能投資口総数を超えないのであれば、存続法人の投資主総会の承認は必要でなくなる。

　また、合併手続きにおいて、資産運用会社との資産運用契約（特に消滅法人が締結している契約）を解約する場合、投信法第206条第1項により投資主総会の承認が必要となるので、合併契約承認のための投資主総会において、資産運用契約の変更又は解除に関する議案を併せて上程する必要がある。

　合併当事者の規約の内容が異なる場合、存続法人の投資主総会の承認を経て規約を変更する必要がある。具体的には、投資制限を緩和することによって、投資範囲を拡げることによる調整が行われる。規約の変更が、投資主総会において承認されなかった場合には合併ができなくなるため、かかる状況を想定した解約条件を合併契約書に盛り込む必要性がある。

同様に、投信法第149条の４及び第149条の９に定める債権者保護手続きが完了しない場合、投信法第150条に定める合併無効の訴えがなされた場合、合併後に保有を希望しない資産を売却する場合、契約解約などが完了しない場合についても、同様に合併契約書上の解約条件としておく必要性がある。もちろん、解約条項に欧米のようなフィデュシャリーアウト、マッチング・ライト、ターミネーション・フィーを設定すれば、さらに万全な合併契約となる。

　投資法人の「吸収合併」の事例としては、日本リテールファンド投資法人によるラサールジャパン投資法人の吸収合併がある。2010年１月26日に投資主総会を開催し、存続法人の期首である2010年３月１日付で合併するというものであったが、本合併については２つの特徴がある。すなわち、①資産運用会社同士は合併せず、消滅法人と資産運用会社との間で締結された委託契約のみが解約され、存続法人には引き継がれないこと、②J-REIT初のノーショップ、フィデュシャリーアウト、ターミネーション・フィーに関する条項が設定されていることである[*127]。

　投資法人の「新設合併」の事例としては、アドバンス・レジデンス投資法人と日本レジデンシャル投資法人による新設合併がある。本件においては、合併後に多数の端数投資主が生じないよう、新設合併が選択され、2009年９月25日に合併契約書を締結し、2009年11月30日開催の投資主総会の承認を経て、合併の効力発生日は2010年３月１日とした。本件合併に伴い、資産運用会社であるADインベストメント・マネジメント株式会社とパシフィックレジデンシャル株式会社の合併も合意されたが、投資法人合併前に資産運用会社同士が合併してしまうと、１つの資産運用会社の中で２つの投資法人の資産運用を受託することになり、利益相反が生じる可能性があるから、これを回避すべく、投資法人同士の合併期日と資産運用会社同士の合併期日が同日付になるよう配慮がなされた[*128]。

[*127] 2009年10月29日付日本リテールファンド投資法人のプレスリリース
　　　http://www.jrf-reit.com/upd/ir_news/pdf/0910291705311460.pdf
[*128] 2009年８月６日付アドバンス・レジデンス投資法人のプレス
　　　リリース「資産運用会社の合併に関する基本合意書締結のお知らせ」２.利害相反に関する考え方
　　　http://www.adr-reit.com/news/news/2009-0806-00002.pdf

図5-1：J-REITの合併（合併前）

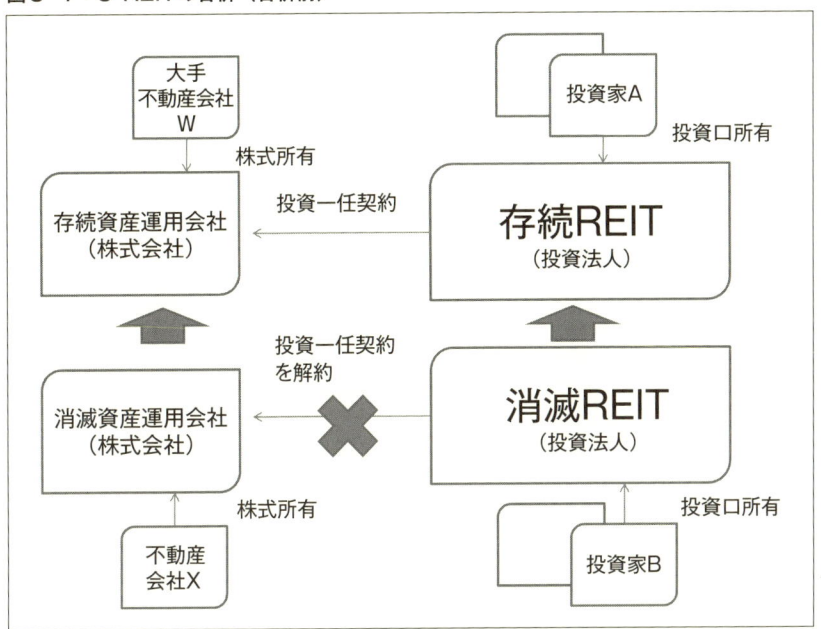

図5-2：J-REITの合併（合併後）

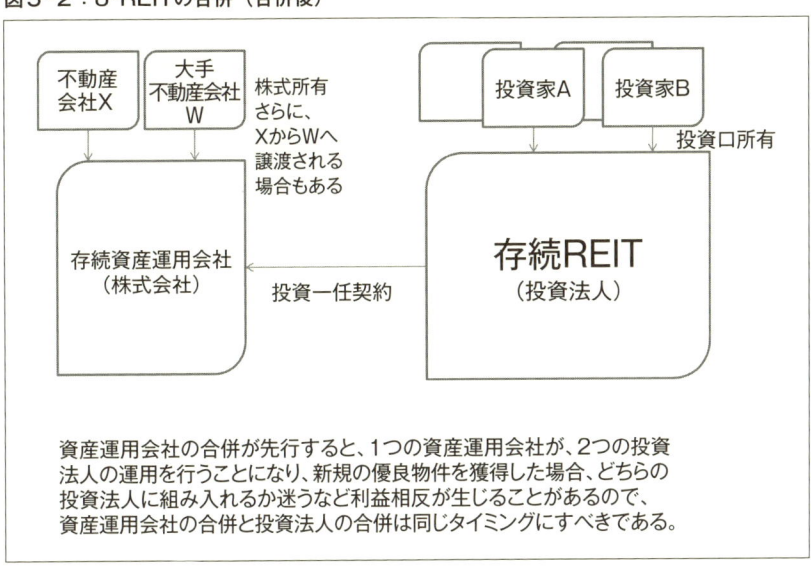

資産運用会社の合併が先行すると、1つの資産運用会社が、2つの投資法人の運用を行うことになり、新規の優良物件を獲得した場合、どちらの投資法人に組み入れるか迷うなど利益相反が生じることがあるので、資産運用会社の合併と投資法人の合併は同じタイミングにすべきである。

◆6-5-2　J-REITのホワイトナイトに対する第三者割当増資

　投資法人の第三者割当における留意事項としては、租特法第67条の15に定める導管性要件のうち、国内募集を募集総額の50％超とすること、法人税法第2条第10号及び租特法施行令第39条の32の3第4項に定める同族会社基準に抵触しないことがあげられる。したがって、海外法人への割当状況や増資後の所有状況を考慮したうえで、複数名の国内法人に引き受けてもらうなどの工夫が必要となる[*129]。

　上場投資法人の第三者割当増資においても、金商法第5条に基づく、有価証券届出書の提出が必要となるが、上場株式会社と異なる点は、金商法第8条第3項に基づき、提出後、中15日ではなく、中7日で効力が発生するという点である。また、募集のいかんを問わず発行総額が1億円を上回ることが通例と思われることから、有価証券届出書と併せて、企業内容等の開示に関する内閣府令第19条第2項第2号に基づく臨時報告書の提出が必要となる。

　会社法においては、ホワイトナイトに対する第三者割当増資の発表後、買収者から会社法第210条に基づく差止請求が行えるが、投信法には同様の規定が存在しないため、第三者割当増資は差し止められることはない。しかし、払込み後6ヵ月以内において、投資主は、投信法第82条第2項及び第3項が会社法第828条第1項第2号及び同法第829条第1号の準用により、発行無効の訴え及び発行不存在確認の訴えを提起することができる。投資法人の執行役員については、忠実義務違反や善管注意義務違反を問われる可能性もある。

　また、投信法第82条第6項は、特に有利発行を認めず「公正価格」を要求しているほか、東京証券取引所も、許容ディスカウントは直前日の2～3％としているようである[*130]。さらに、これを徹底するために、投信法第84条第1項は、会社法第212条第1項を準用し、不公正な価格で投資口を引き受けたホワイトナイトが、その払込額と公正価格との差額を、投資法人に対して支払わなければならないとした。このように当局等が、有利発行を原則認め

[*129] ただし、国税局の見解ではないが、海外の投資家が出資する日本国内に所在または恒久的施設を有する法人が割当てを引き受ける場合には、国内法人に対する割当てとみなされるのではないかという考え方もある。
[*130] 片岡良平、2007年「J-REITの買収スキームにおける法的問題点」不動産証券化ジャーナル2007年9-10月号106-107頁が詳しい。

ないのは、投資法人が利益の大部分を配当しているため、利益総額が変わらないままディスカウント増資による極端な発行済投資口数増加が生じると、希薄化による既存投資主のキャピタル・ロスとインカム・ロスがともに大きくなるからである。

しかし、ディスカウントによるキャピタル・ロスがなかったとしても、新規調達資金を用いた投資収益計上までの間、インカム・ロスが生じるので、これが生じないよう、わが国において実際に行われた第三者割当増資においては、増資と同時に収益不動産の取得が行われている。したがって、増資を引き受けるホワイトナイトは、ある程度のまとまった不動産を有している必要がある。もし、まとまった不動産を有していない場合には、既存株主のインカム・ロスを当面補填する程度の水準に1投資口当たりの引受額を引き上げる、つまりプレミアムを上乗せする必要がある。

資産取得かプレミアム上乗せのいずれかの対応をとらなければ、第三者割当増資実施後に、発行無効または発行不存在確認が認められるリスクが高まると考えられる。

第三者割当増資のタイミングと資産取得のタイミングについては、投資法人の会計期間において、期初であることが望ましい。つまり、既存投資主に対して、取得資産の運用益を最大限分配するには、期初に第三者割当増資を実施し、即座に資産取得を行う必要がある。

◆6-5-3　J-REITの公開買付とスクイズアウト

投資証券の大量買付については、株式と同様に、最終的に発行済投資口の3分の1超の取得を目的とした市場外の買付けについては、金商法第27条の2第1項及び同法施行令第6条第1項第3号に基づく、公開買付が必要になる。

租特法第67条の15及び同法施行令第39条の32の3第4項に基づき、50％超の取得や投資主数が50人未満となることを目的とした取得については、投資法人の導管性が失われる可能性について配慮する必要性がある。特に、50％超の取得については、公開買付後に、金商法第27条の2第1号に定義される特別関係者に公開買付を経ずに投資口を譲渡することによって、導管性を維

持することは可能である。もちろん、この場合、市場内でクロス取引を行うことも認められる。

また、金商法第27条の13第4項、同法施行令第14条の2第2項により、発行済投資口の3分の2超の取得を目的とした公開買付については、すべての投資口の取得が義務づけられる。

流動性の確保という観点から、上場維持を前提としている場合には、上位10名の投資口が75％未満であり、投資主数が1,000名以上であることが、前述した不動産投資信託証券上場廃止基準に基づく上場維持の条件となることから、この点についても配慮する必要性がある（なお、上場廃止基準に抵触後1年以内に状況が改善された場合には上場を維持することができる）。

さらに、全投資口を取得しようとした場合、投信法には、会社法第784条第1項を準用するスクイズアウトの規定がない点が問題となる。

◆6-5-4　J-REITの委任状勧誘規制と投資主総会

投資法人の決算期については、投信法には、会社法のような事業年度の規定はなく、半年決算を採用する投資法人が多いが、株式会社の株主総会に相当する投資法人の投資主総会については、投信法により毎年開催することが義務づけられていない。

しかしながら、投信法第99条において、投資法人の執行役員の任期が2年以内と定められていることなどから、実務上、少なくとも2年に1回は投資主総会を開催しなければならない。したがって、投資主としての議決権行使の機会は、株式会社に比べ、極端に制限されている。

買収者が、役員選解任議案等を提出し、投資主総会の開催を請求または招集するためには、会社法第297条第1項を準用する投信法第90条第3項の規定により、発行済投資口総数の3％以上の投資口数を6カ月前から引き続き所有しておく必要がある[131]。

また、会社法第124条第3項を準用する投信法第77条の3第2項及び第3

---

[131] 買収者が投資主総会日の8週間前までに執行役員へ招集を請求したにもかかわらず、招集しない場合には、会社法第297条第4項を準用する投信法第90条第3項により、金融庁長官の「許可」を得て買収者が招集することができる。敵対的買収を理由とした場合、金融庁が許可を与えないと思われる。

項により、基準日設定の2週間前までに基準日設定公告が必要であり、かつ、投信法第91条第1項により、投資主総会開催日の2カ月前までに開催に関する公告を掲載する必要がある。このため、買収側は相当余裕をもって準備しておく必要がある。

委任状勧誘については、会社法第303条～第304条及び第310条を準用した投信法第94条により、株主提案、書面投票、委任状勧誘ができる。

金商法第194条の議決権の代理行使に関する委任状勧誘規制は、投資法人には適用されないので、会社法の規制のみを考えればよく、委任状勧誘は、株式会社よりも相当自由に行うことができるので、無秩序な勧誘が行われる可能性がある。

投資法人側提案に反対する投資主からの議案提案がない限り、投信法第93条に定める「みなし賛成」が適用されるので、投資法人は、無投票の投資主の議決権を賛成として取り扱うことができる。したがって、買収者は、反対提案を提出しなければ、そもそも議決権集計上不利である。

買収者が、反対する議案を会社側に提出する場合、会社法のような事前提出義務がないため、総会中においてさえ反対議案を提出することができる。ただし、この場合、株式会社の場合には、金商法上の委任状規制により、委任状への議案の賛否の記載が義務づけられているが、投資法人には適用されないため、白紙委任が可能であり、買収者が集めた委任状の内容は、主として白紙委任となるであろう。

投資主総会の当日においては、まず、総会の秩序維持という観点から、投資主総会への入場は投資主に限定されるであろう。本来、その旨を規約に定めておくべきであるが、定めていない場合には、秩序維持を理由として入場が制限されるであろう。

また、委任状勧誘が多い米国では、出席株主の真偽の確認のため、写真付きの身分証明書の提示がなければ、総会に入場できない場合が多い。日本において、そこまで要求される局面は少ないが、必要に応じて、かかる対応も考えられる。

実務上、議場において速やかに委任状の真偽を確かめるために、他の投資主へ委任したい投資主は、自らの議決権行使書を委任状に添付しなければな

らない旨を規約に定め、議決権行使書にも記載するべきである。

また、委任状争奪戦下の議決権の集計においては、相当の注意を要する。適切な第三者による客観的集計という点では、やはり、会社法第306条を準用した投信法第93条の2第3項に定める総会検査役の選任をしておく必要があるし、場内の速やかな票集計ができるよう人員体制や手続上の工夫が必要である。

投票集計の結果、現任の執行役員及び監督役員が解任された場合、投信法第104条第2項に基づき、解任された執行役員は、違約金を請求できる。通常、米国の場合、役員の任期が3年であるため、ISS等は、ゴールデン・パラシュートの金額の上限は3年としている。しかし、日本においては、投信法が投資法人の執行役員の任期を会社法上の取締役と同じく2年としているので、2年が上限になるのではないかと考えられる。

◆ 6-5-5　資産運用会社のM&A

金商法に基づく金融商品取引業（投資運用業）の登録と宅地建物取引業法に基づく取引一任代理の許可が必要な資産運用会社を傘下に有しない企業は、投資法人だけでなく、資産運用会社の買収も必要である。

資産運用会社の買収については、資産運用会社が株式譲渡制限会社であり、敵対的買収が不可能である。

資産運用会社が単一で、投資法人が複数の場合、問題が発生する。投資法人の運用資産が、地域あるいはセクターにおいて、明確に異なっている場合には、問題が生じないが、重なっている場合には、金商法第41条に定める投資主に対する善管注意義務及び忠実義務の問題と金商法第42条の2第2項及び第5項に定める分別管理の問題が生じる。特に、証券投資信託では生じ得ない不動産投資信託特有の問題がある。つまり、それぞれの投資ファンドは、証券の場合、同じものに投資することができるが、不動産の場合、同じものに投資することが困難であるため、1つの資産運用会社が、複数の投資ファンドを有した場合には、不動産の取得面において、ファンド間に不平等が生じる可能性が高い。

したがって、再編後、投資法人の投資方針が明らかに異なる場合を除き、

１投資法人につき１資産運用会社（専任運用体制）とする必要がある。

さらに、６−５−１で説明したとおり、投資法人の合併に伴い資産運用会社同士が合併する場合には、利益相反の観点から、投資法人同士の合併期日と同じ日を資産運用会社同士の合併期日とすべきである。

◆6-5-6　資産運用会社との関係解消

買収者が、資産運用会社を有する場合、資産運用会社を買収するメリットがないので、投資法人は、既存の資産運用会社との資産運用契約を解約し、新たに買収者傘下の資産運用会社と資産運用契約を締結することになる。

この場合、既存の資産運用契約について、その継続的契約としての性質が問題となる。

もし、既存の運用会社が継続的契約であると主張した場合には、契約残余期間に本来受け取れたであろう報酬やこれまでの有形無形の未回収投資額等を算定基準として違約金を投資法人に請求できることになる。基本的に、解約により不測の損失が発生するという主張は合理性が認められるが、開示や承認手続きに注意を要する。

契約期間が長期間（執行役員任期を基準としておおむね２年超）で設定されている場合には、違約金の金額が多額になる可能性があり、このような契約を締結した投資法人の役員の善管注意義務違反と考えることもできる。

したがって、投資法人の役員は、資産運用契約につき、２年超の契約を締結したり、２年超の違約金を設定することは、回避したほうがよさそうである。

もちろん、買収者は、このような解約金も買収コストとして見込んでおかなければならないであろう。

◆6-5-7　J-REITの友好的買収事例にみる問題点

　以下では、2つのJ-REITの友好的買収事例を検討することによって、実務上の問題点を明らかにする。

【ジョーンズ・ラング・ラサールによるイーアセット投資法人の買収】
　大阪証券取引所ヘラクレス市場上場のアセット・マネージャーズ株式会社（以下「AM」という）の子会社が運用するREITを、ニューヨーク証券取引所に上場する米国大手不動産会社ジョーンズ・ラング・ラサール・インクの日本法人であるラサール・インベストメント・マネージメント株式会社（以下「LIM」という）が買収した事例について、両社グループの開示資料からその内容を検討してみることにする[132]。

　AMは、不動産私募ファンド運用会社であり、J-REIT市場へ進出することを目的として、資産運用会社である株式会社アセット・リアルティー・マネージャーズ（以下「ARM」という）を2004年2月に9社合弁で設立した。ARMは、オフィスビル・商業施設・住居のいずれにも投資する「総合型REIT」として、イーアセット投資法人（以下「EAT」という）を2005年5月に設立し、ARMとEATとの間で資産運用契約を締結し、2005年9月にEATを東京証券取引所のJ-REIT市場に上場させた。

　当初は、AMの不動産私募ファンド等から物件の安定供給を受けることによって、EATは着実に外部成長を実現することができたが、次第に新規物件調達による外部成長に行き詰まり、投資証券価格も低迷したため、AMはJ-REIT市場から撤退してもよいと考えるようになった。

　一方、LIMは、日本における不動産私募ファンドの運用には実績があったが、J-REITに進出していなかったため、日本において公募による資金調達ができない状況にあり、2006年2月頃から、UBS証券株式会社をアドバイザーとして、買収案件を模索していた[133]。

　このような、AMとLIMのニーズが一致した結果、両社は、実質的に、LIM

---

[132] ジョーンズ・ラング・ラサールのプレスリリース履歴　http://www.joneslanglasalle.co.jp/ja-jp/news/
　　アセット・マネージャーズ株式会社のプレスリリース履歴　http://www.assetmanagers.co.jp/irinfo/release.php
　　イーアセット投資法人のプレスリリース履歴　http://www.lasalle-jreit.com/ja_cms/ir/press.html
[133] 内山裕敬、田中正行、2008年「JLL傘下の不動産投資運用会社が既存J-REITの運用会社を買収」RMJ105号44-45頁

図6-1：J-REITの友好的買収（買収前）

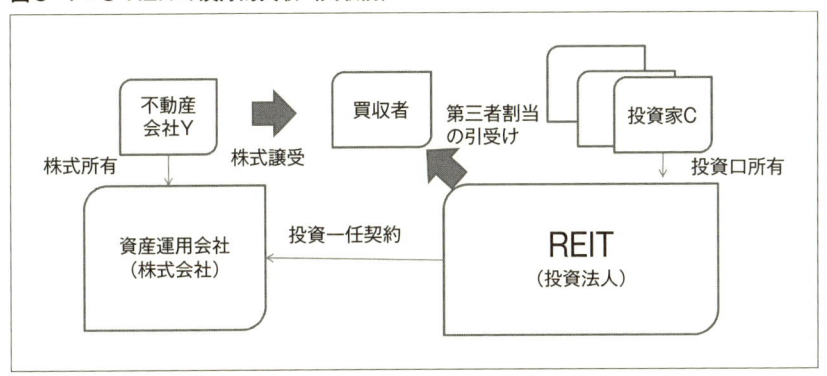

図6-2：J-REITの友好的買収（買収後）

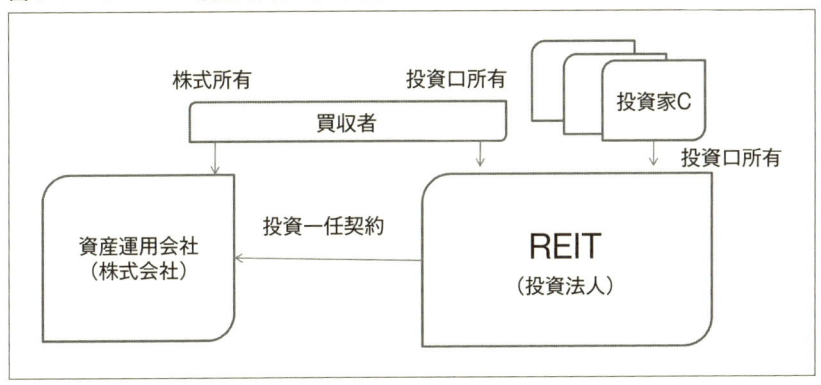

がARMとEATを買収する方向で調整を行った。

　その結果、2007年11月8日、①2007年11月19日付でAMが保有するARM株式をすべてLIMに譲渡する、②LIMがEATに保有資産（大型商業施設2物件）の譲渡を行う、③ARMのAM出身者は現状維持とし、LIMから非常勤取締役を派遣する、④EATは、AMとの共同事業1物件をAM関連会社へ売却する、⑤EATは、2007年11月19日を払込日としてLIM関連ファンド2社及び共同投資家（欧州機関関係ファンド）3社に対する第三者割当増資を実施し、LIM関連ファンド2社がEATの筆頭株主グループ（0％→32.77％、共同投資家分を合わせると47.27％）になることで当事者同士が合意し、最終的に、LIMが、既存の上場REIT及びその資産運用会社を支配することになった。

　①から④はすべて、AMとLIMとの基本合意に基づくものであり、特に、

EATは、急激な外部成長（資産規模を89％増加）させることができるというものであった。②の資産購入及び④の資産売却は、利害関係者取引またはそれに準じた取引であるので、投資法人の役員会及び資産運用会社の取締役会の承認を受けて、開示しなければならなかった。また、EATの資産購入日は、できるだけ期初とすることで、購入物件の賃料収益が通期稼働に近づくよう配慮されている。

ARMの株式譲渡に関する特徴は、AMが、AM以外のARM株主（約25％所有）からARM株式を取得し、いったん完全子会社としたうえで、LIMへARM株式をすべて譲渡するというものである。

資産運用会社について株主間協定が存在する場合、株式の譲渡先を他の既存株主に限定した譲渡制限が設定されていることが多く、このような場合、既存株主がいったん全株式を買い取って、株主間協定を解消したうえで、新株主へ株式譲渡することになる。AMがこれまで構築してきたARMの合弁関係について、AMの責任のもとに解消させることによって、LIMの負担が軽減されているのである。

AMからLIMへの株式譲渡日（2007年11月19日）以降、ARMについては、LIMの代表取締役が非常勤取締役として派遣（代わりにAM常勤者の非常勤取締役が辞任）され、ARMの商号が「ラサールインベストメントアドバイザーズ株式会社」に変更されたので、金融庁長官（金融商品取引業）及び国土交通大臣（取引一任代理）並びに東京都知事（宅地建物取引業）にその旨を届け出た。

2007年11月24日を基準日として、2008年1月16日に開催されたEAT投資主総会については、規約一部変更案及び役員選任案並びに会計監査人変更案が付議され、すべて承認された。

規約一部変更案及び資産運用委託契約一部変更案については、投資法人の商号を「ラサールジャパン投資法人」に改称するというもの以外は、文言修正など重要性のあるものはなかった（投資方針については、ARMの取締役会決議により、投資運用対象用途の拡大、1物件当たりの投資額基準の引き上げ、テナントミックス政策及び賃料政策に関する数値基準の撤廃、運用対象として海外不動産投資を追加等、投資運用基準を見直しする旨が発表され

た)。

　これに対して、役員選任案については、現行の執行役員は続投し、任期満了に伴い従来の監督役員1名が退任し、AM出身の補欠執行役員1名、監督役員1名の選任が行われ、関東財務局（投資法人）及び国土交通大臣（宅地建物取引業）に届出がなされた。また、会計監査人についても変更されたが、これは、会計監査人の解散によるものであり、今回のM&Aとは関係がない。

　今回の買収劇のスケジューリングは、すべての役員の任期切れに伴う投資主総会開催日を相当意識したのではないかと推察される。

　第三者割当増資については、基本合意から2週間経過した2007年11月19日に行われている。

　LIM関連ファンド2社が2007年11月26日に提出した大量保有報告書では、その引受資金の一部をフィナンシャル・アドバイザーであるUBS証券株式会社から調達していることがわかる。

　EATが発表した2007年10月期（6カ月決算）の決算値によると、1口当たりの純資産は493,823円、2008年4月期の1口当たり予想配当額14,100円、増資発表時点直前の平均投資口価格は、1カ月単純平均で445,181円、3カ月単純平均で450,060円であったが、実際の割当決定価格は1口当たり400,000円であり、基本合意の直前営業日（2007年11月7日）の価格（405,000円）に約1％のディスカウント率を勘案した価格であった。

　当該第三者割当増資に伴う新規発行投資証券については、払込期日から6カ月を経過するまでの期間について、ロックアップ（LIM関連ファンド2社及び共同投資家3社は、第三者に対して、売却、担保提供、貸付その他の処分を行わない旨のEATへの誓約）が設定されているが、特筆すべきは、ロックアップ期間中に、導管性要件を満たすために必要であるとEATが判断する場合、割当先による投資証券の売却その他処分についてEAT及びARMと協議のうえ、合理的に必要な範囲内で売却すること、あるいは、割当先が追加で投資証券を取得する場合には、事前にEAT及びARMと導管性の維持について協議しなければならない旨の合意書が締結されていることである。

【三井不動産グループによるフロンティア不動産投資法人の買収】

　日本たばこ産業グループが運用するREITを、三井不動産グループが買収した事例について、両社グループの開示資料からその内容を検討してみることにする[*134]。

　日本たばこ産業株式会社（以下「JT」という）は、同社が保有する遊休地の活用を目的として、100％出資の資産運用会社であるフロンティア・リート・マネジメント株式会社（以下「FRM」という）を設立し、2006年5月にJTとFRMとの間でパイプライン契約（正式には「日本たばこ産業所有地の開発及び売買に関する覚書」という）を締結した。FRMは、「全国商業施設特化型REIT」としてフロンティア不動産投資法人（以下「FFT」という）を設立したうえで、FRMとFFTとの間で資産運用契約を締結し、2006年8月にFFTを東京証券取引所のJ-REIT市場に上場させた。

　当初は、JTから物件の安定供給を受けることによって、FFTは着実に外部成長を実現することができたが、まちづくり3法（都市計画法、大規模小売店舗立地法、中心市街地の活性化に関する法律）成立の影響を受けて、工業地における大型商業施設の開発が難しくなったことやJTが保有する商業施設開発適地が残りわずかになったことが影響して、外部成長に行き詰まり、投資証券価格も低迷した。

　一方、三井不動産株式会社（以下「三井不動産」という）は、2004年1月に資産運用会社である三井不動産プロパティファンドマネジメント株式会社（以下「三井FPFマネジメント」という）を設立し、さらに、三井FPFマネジメントが2005年4月に日本商業施設ファンド投資法人（以下「NSCFT」という）を設立した。そして、J-REIT市場への上場を目指していたが、その資産ポートフォリオは、上場REITとしての十分な規模を確保するまでに至っていなかった。

　このように、JTと三井不動産のニーズが相互補完的に一致した結果、両社は、実質的に、FTTとNSCFTを統合する方向で調整を行った。

[*134] 三井不動産株式会社のプレスリリース履歴　http://www.mitsuifudosan.co.jp/corporate/news/2008/index.html
　　　日本たばこ産業株式会社のプレスリリース履歴　http://www.jti.co.jp/JTI/IR/release.html
　　　フロンティア不動産投資法人のプレスリリース履歴　http://www.frontier-reit.co.jp/cms/news_release.html

最終的に、FFTの2007年12月期決算短信の発表と同日である2008年２月18日に、①2008年３月24日付でJTが保有するFRM株式をすべて三井不動産に譲渡する、②NSCFTはFTTに資産譲渡を行ったうえで解散する、③三井FPFマネジメントはFRMに業務を引き継いで解散する、④これまでJTが筆頭投資主であったFFTは、2008年３月24日を払込日として三井不動産に対する第三者割当増資を実施し、三井不動産がFFTの筆頭株主（0％→11.68％）になることで合意し、最終的に、三井不動産が、既存の上場REIT及びその資産運用会社を支配することが明らかになった。

　①から④はすべて、三井不動産とJTとの基本合意に基づくものであり、特に、FRMについては、株式譲渡日以降に三井不動産がFRMへ代表取締役１名を含む取締役４名を派遣（JTの現職社員または出向者などである取締役３名及び監査役１名は同日付で辞任）すること、三井不動産がFRMから不動産等の取得に関する業務を受託する旨のアドバイザリー契約を締結すること、FRMの商号を「三井不動産フロンティアリートマネジメント株式会社」に変更すること、それらを金融庁長官（金融商品取引業）及び国土交通大臣（取引一任代理）並びに東京都知事（宅地建物取引業）に届け出ることが合意された。一方、JTとの前出のパイプライン契約については、2008年２月18日付で解約すること、株式譲渡日以降２年間はJTを取引開示の対象となる利害関係人等として取り扱うことという合意もなされた。②と③において、それぞれ投資法人間の合併と資産運用会社間の合併を行わなかったメリットとしては、消滅会社の債務を継承せずに済むこと、合併後に合併当事者のシステムや給与体系などの整合性を調整する必要がないこと、投資主総会の特別決議や反対投資主対応が不要であることなどが考えられる。

　ここで特徴があるといえる点は、アドバイザリー契約の存在である。そのアドバイスする内容については、不動産の賃料収支の状況、不動産の所有権、抵当権等の権利関係の状況、不動産所有者等の関係会社の状況、不動産等賃貸借契約の状況及び動向、不動産等に含まれる建物管理の状況、権利関係・法令による制限・利用制限などの状況、一般不動産市況・一般商業施設動向等とされており、利益相反取引とみなされないような配慮が必要である。アドバイザリー業務の内容が、投資運用業務の再委託を投資運用業者に限定し

た金商法第42条の3に違反しないように配慮する必要があることに加え、受託業務が不動産鑑定業務とみなされる場合には、不動産の鑑定評価に関する法律第33条に基づき、不動産鑑定士の業務資格を有するものでなければ受託することはできない。

　また、FFTは、三井不動産及び三井不動産投資顧問株式会社（三井不動産の完全子会社）との間に特定の5物件を取得するための優先交渉権付与契約（あくまで2008年12月31日を期限とした優先交渉権であって物件の取得が強制または保証されるものではない）、三井不動産に対して物件ごとにSCマネジメント業務（リーシングなどプロパティ・マネジメント業務）を委託する業務委託契約を締結した。プロパティ・マネジメント業務は、金商法上の投資運用業務とみなされておらず、資産運用会社を経由せずに、投資法人と受託先との直接契約を締結することができるが、投資法人には従業員がいないため、受託先（プロパティ・マネージャー）への具体的指示は、資産運用会社のアセットマネージャーが行うことになる。

　2007年12月31日を基準日として、2008年3月25日に開催されたJFF投資主総会においては、規約一部変更案及び資産運用委託契約一部変更案並びに役員選任案が付議され、すべて承認された。

　規約一部変更案及び資産運用委託契約一部変更案については、文言修正など重要性のあるものはなく、また、資産運用会社が設定する投資方針についても、FRMと三井FPFマネジメントが全国商業施設特化型というほぼ同じ投資スタンスで運用していたこともあり、投資方針を調整して修正する旨の発表は行われなかった。

　これに対して、役員選任案については、任期満了に伴い従来の執行役員1名と監督役員2名が退任し、三井不動産出身の執行役員1名及びJT出身の補欠執行役員1名、監督役員2名の選任が行われ、関東財務局（投資法人）及び国土交通大臣（宅地建物取引業）に届出がなされた。今回の買収劇のスケジューリングも、すべての役員の任期切れに伴う投資主総会開催日を相当意識したのではないかと推察される。

　第三者割当増資については、投資主総会の前日である2008年3月24日に行われている。

FFTが発表した2007年12月期（6カ月決算）の決算値によると、1口当たりの純資産は548,458円、2008年6月期の1口当たり予想配当額17,900円、増資発表時点直前の平均投資口価格は、1カ月単純平均で676,272円、3カ月単純平均で766,896円であったが、実際の割当決定価格は1口当たり661,000円であり、直前2週間の出来高加重平均価格（単純平均では659,182円）であった。

　さて、上記では、わが国における事実上の買収により、投資法人と資産運用会社の支配権が変更された2つの事例をみてきた。
　いずれの場合においても利用された投資法人による第三者割当増資は、会社法上、以下のような議論がされていることに注意すべきである。
　つまり、株式会社の新株発行において、引受先の払込額に支配権プレミアムが含まれていたとしても、それは会社に払い込まれるのであるから、全株主にプレミアムが分配されることになる[135]。
　支配権プレミアムの分配という考え方は、諸外国にも共通しており、日本では、第三者割当増資について、プレミアムをつけることが少なく、むしろ有利発行が多い。諸外国の場合、そもそも第三者割当増資を行うことが少ないので、わが国の株式会社が多用する第三者割当増資はグローバル・スタンダードではない。
　また、平成17年公開買付制度等ワーキング・グループの報告では、株式等の第三者割当増資については、会社法上、有利発行や著しく不公正な方法による新株発行等の場合に、差止請求といった救済制度が設けられており、基本的には会社法上の問題として解決が図られるものであるべきとして、第三者割当増資は、公開買付規制の対象としないという結論になった。
　このような会社法上あるいは金商法上の議論からすると、投信法において差止請求が認められていない現状については、投資主の保護という観点からして問題があるのではなかろうか。
　また、投資法人の第三者割当増資の発行価格については、ルールが明確でない。投信法第82条第6項により、有利発行が認められないという原則から

---

[135] 平成14年株式公開買付（TOB）に関する調査研究会報告

して、REITの第三者割当増資における投資口発行価格のルールを明確にする必要がある。さらに、資産運用会社の譲渡価格について、開示させるよう、取引所開示規則を改めるべきである。なぜなら、資産運用会社の譲渡価格にプレミアムをつけて、投資運用法人の増資発行額を許容範囲内でディスカウントすれば、特定の投資主が優遇されるからにほかならない。

◆6-5-8　J-REITの敵対的買収事例にみる問題点
【プロスペクトによるFCレジデンシャル投資法人の買占め】

　J-REITにおける敵対的買収事例として、不動産投資会社であるプロスペクトアセットマネジメントインク（以下「プロスペクト」という）が、FCレジデンシャル投資法人（以下「FCRT」という）の投資口を買い占めた事例を開示資料から検討してみることにする[136]。

　ジャスダック上場の株式会社ファンドクリエーション（以下「FC」という）は、J-REIT参入を目的として、100％出資の資産運用会社であるFCリート・アドバイザーズ株式会社（現ファンドクリエーション不動産投信株式会社。以下「FCRA」という）を設立した。FCRAは、FCRTを設立し、FCRAとFCRTとの間で資産運用契約を締結したうえで、2005年10月にFCRTを東京証券取引所のJ-REIT市場に上場させた。上場後、FC、FC不動産投資顧問、FCRA、FCRTの４社間で「物件情報に関する覚書」を締結し、FCRTの投資案件開発力を強化した。当初は、FCから物件の安定供給を受けることによって、FCRTは着実に外部成長を実現することができたが、次第に外部成長に行き詰まり、投資証券価格も低迷した。

　プロスペクトは、2007年１月10日に、FCの投資口の32.48％を取得した旨の大量保有報告書を関東財務局へ提出した。その後、2007年８月17日には40.98％、2008年12月５日には45.59％まで、投資口の所有比率を引き上げた。この結果、上位３投資主の所有割合は、59.73％となった。FCRTは、複数回にわたって、租特法第67条の15に規定される導管性を満たすことができないので、課税によって配当金が減少する可能性がある旨をプレスリリースした。同プレスリリースによると、FCRTは、プロスペクトに対して、複数回にわ

---

[136] FCレジデンシャル投資法人のプレスリリース履歴　http://www.fcric.co.jp/

図7-1：J-REITの敵対的買収（買収前）

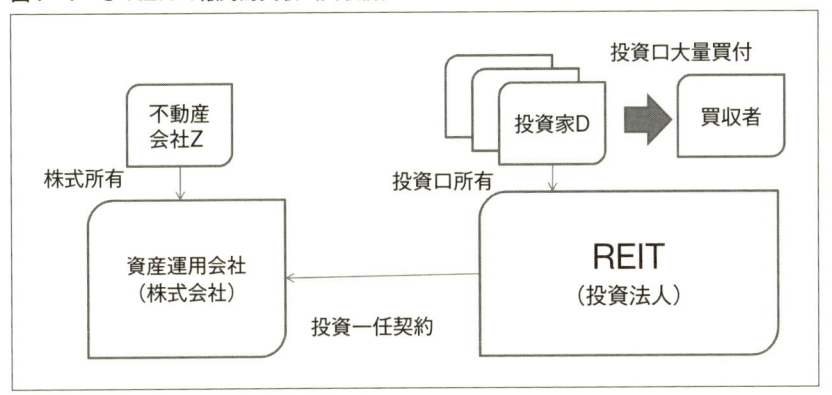

図7-2：J-REITの敵対的買収（買収後）

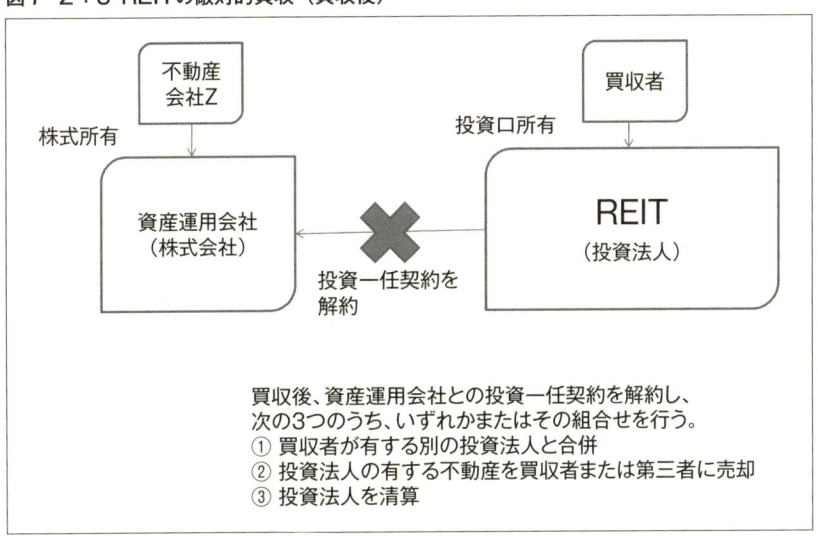

買収後、資産運用会社との投資一任契約を解約し、次の3つのうち、いずれかまたはその組合せを行う。
① 買収者が有する別の投資法人と合併
② 投資法人の有する不動産を買収者または第三者に売却
③ 投資法人を清算

たり、投資口売却を要請したが、（それを無視して）プロスペクトは買増しを継続しているということであった。

　このような市場内における買付けについても、当然、「3カ月以内」の期間内に、特定の株主が、「10％超の取得（市場内買付や増資引受けを含む）」または「5％超の市場外買付」を行ったことにより、結果として3分の1超を所有することになる場合には、金商法第27条の2第1項及び同法施行令第6条第1項第3号に基づく、公開買付の手続きが必要になるので、プロスペ

トは、かかる規制に抵触しないスピードで、市場内買付を実施した。2008年1月までは、ある程度の出来高があったため順調に買い進むことができたが、2008年2月以降、同法人の投資口出来高が2桁の日が続き、これを買い付けた場合、買い上がり（金商法第159条に定める株価操縦）の可能性が発生するため、買付けのスピードが鈍化した[*137]。

本件買占めに対応して、2008年5月、租特法施行令第39条の32の3第4項が追加規定され、導管性要件である同族会社基準について、50％超所有している投資主数が、従来の3名から1名でよい旨の緩和措置がとられた。

しかしながら、このような緩和措置は、場当たり的で、問題がある。つまり、投資家を保護する必要があったとはいえ、国際的潮流に逆行する異例な同族会社基準の緩和措置であり、税の公平性の観点からすれば、従前のそれに戻すべきである。

6-6　J-REITのガバナンスと構造的不祥事

投資法人のガバナンス体制は、6-1において説明したとおり会社法とは大幅に異なり、米国のような取締役と業務執行役員の牽制関係が成立しており、投資法人の執行役員が監督役員を兼務することは認められていない点で米国よりも客観性が確保されている。

しかしながら、投資法人は、すべての運用業務を資産運用会社に委託（一任取引）しているので、運用について指図したり、事前承諾することができない。これに対して、株式会社である資産運用会社の取締役会及び監査役会は、会社法が適用される。資産運用会社は、通常、非委員会設置型のガバナンス体制を採用しており、監査役が議決や選解任に関与できないので、投資法人に比べ牽制が働いていない。加えて、資産運用会社においては、資産運用会社の株主の利益と委託者である投資法人の利益が衝突するので、利益相反取引が生じやすい構造になっている。

したがって、一任取引を前提とした外部運用制度、資産運用会社のガバナンス、投資法人の投資主構成と資産運用会社の株主構成の不一致が、利益相反取引を生じやすくしていると考える。

[*137] 最終的に過半数を取得するに至らず、取得投資口は売却された。

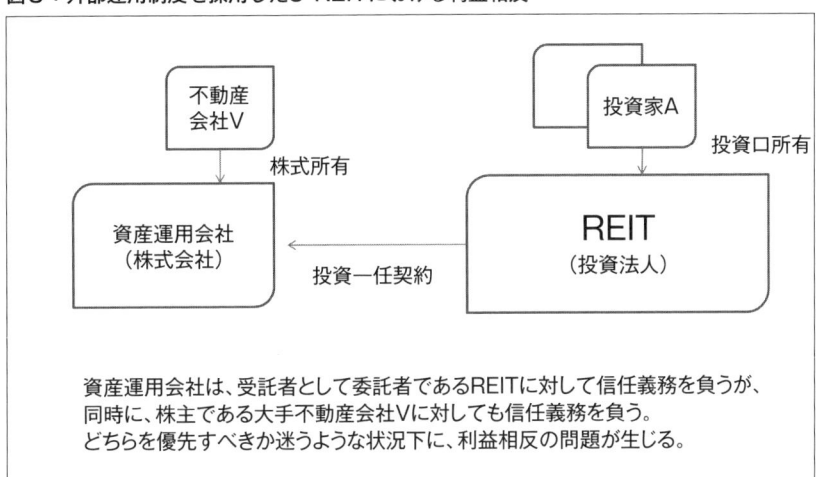

図8：外部運用制度を採用したJ-REITにおける利益相反

```
         不動産                投資家A
         会社V
                    株式所有           投資口所有
      資産運用会社                    REIT
      （株式会社）                  （投資法人）
                    投資一任契約

資産運用会社は、受託者として委託者であるREITに対して信任義務を負うが、
同時に、株主である大手不動産会社Vに対しても信任義務を負う。
どちらを優先すべきか迷うような状況下に、利益相反の問題が生じる。
```

　現に、証券取引等監視委員会が公表した資産運用会社に対する処分内容は、以下のとおりスポンサー株主との利益相反取引に関するものが多い[138]。

　それでは、具体的に処分内容をみてみることにしよう。

【ジャパン・ホテル・アンド・リゾート株式会社（資産運用会社）に対する 2008年2月29日付行政処分勧告】

　ジャパン・ホテル・アンド・リゾート株式会社は、本来、資産運用会社の「利害関係者」が負担すべき費用につき、その事実を知りながら、投資法人に費用の負担をさせることを黙認したので、資産運用会社の忠実義務を定めた投信法第34条の2第1項（現、金商法第42条第1項）に違反している。

【プロスペクト・レジデンシャル・アドバイザーズ株式会社（資産運用会社）に対する2008年6月17日付行政処分勧告】

　プロスペクト・レジデンシャル・アドバイザーズ株式会社（以下「PRA」という）は、プロスペクト・レジデンシャル投資法人（以下「PRT」という）との間で締結した資産の運用に係る委託契約に基づいて行っているPRTの資産運用において、PRAの「親会社等の利害関係者」から取得する不動産の

---

[138] 証券取引等監視委員会の公表履歴　http://www.fsa.go.jp/sesc/news/news.htm

鑑定評価を依頼するに際し、不動産鑑定業者に対して不適切な資料の提供をしたり、必要な資料を提供しなかったり、利害関係者の売却希望価格と同額以上で概算鑑定評価額の算定をするよう依頼した。また、複数の不動産鑑定業者に対し、利害関係者の売却希望価格を伝えたうえで概算評価額の算定を依頼し、概算評価額が売却希望価格に達しない場合には、当該希望価格以上またはそれに近似する額が提示されるまで、不動産鑑定業者を追加して概算評価額の算定を依頼するとともに、最高価格を提示した不動産鑑定業者に鑑定評価を依頼するという売主の売却希望価格を最優先とした不適切な不動産鑑定業者選定を行っていた。上記行為は、資産運用会社の善管注意義務を定めた投信法第34条の2第2項（現、金商法第42条第1項）に違反している。

　適切な資産取得が行われていないことは、適切な資産管理、適切な資産売却が行われていない可能性を示唆している。単に、ずさんな管理体制による場合もあるが、意図的に利害関係者へ利益供与されることによって、投資法人が損害を負担する可能性がある。このような資産運用会社のモラルハザードは、結局、証券取引等監視委員会の検査がない限り、放置されることになる。
　また、このような不祥事は、内部運用制度では生じ得ない外部運用制度特有の問題であり、「投資法人の投資主構成と資産運用会社の株主構成の違い」及び「一任取引」によって、構造的に引き起こされたものである。米国において、インディペンデント・コントラクターによる利益相反取引が問題となって、1986年にREITの内部運用制度が認められるようになったときと同じような状況が、日本においても生じているといえるので、今後、日本においても同じ対応が迫られる可能性が高いと考える。
　しかし、J-REITの内部運用が認められたとしても、不祥事などが発生する可能性は依然として残るので、金融商品としての品質維持の観点から引き続きJ-REITの運用体制について証券取引等監視委員会の検査が行われることが望ましいであろう。

6-7 今後の市場課題

最後に、本稿で明らかにしたこと、2008年5月、東証上場規則改定により海外投資ができるようになったこと[139]を踏まえ、J-REITの今後の課題について、「GLOBALIZATION（グローバル・スタンダード化）」、「CORPORATIZATION（株式会社化、内部運用化）」という2つのキーワードを掲げ、検討したい。

◆「GLOBALIZATION（グローバル・スタンダード化）」

2008年5月の東証上場規則改定によるJ-REITの海外投資解禁は、海外の不動産会社やREITが、J-REITの増資を引き受けて、自らが所有する海外の不動産物件をJ-REITへ売却するスキームを可能とするため、J-REITと海外市場とのボーダレス化やグローバル化が進展する可能性がある。今後、このような海外投資の促進だけでなく、海外資金の流入も議論しなければならないであろう。海外投資家から見て投資しやすい環境にするためには、税制、開示、投資効率性、ガバナンスの整備が必要である。EU域内において、会社法、M&A法制の統一化が行われつつあり、REIT法制についてもそのような動きが進む可能性が高い。EUも米国も、REITのガバナンスと再編については、外部運用制度を例外とし、株式会社による内部運用を前提としており、今回、本稿で検討した内部運用制度採用国である米国、英国、フランスの市場規模だけでも、世界のREIT市場の6割以上を占めている[140]。

わが国の会社法分野においても三角合併解禁などボーダレス化への取組みが行われているが、投資法人が株式会社化していれば、一般の公開株式市場と歩調を合わせて、J-REIT市場をボーダレス化することができる。むしろ、税制的に工夫すれば、一般の公開株式市場よりもボーダレス化を進展させることが可能となろう。

---

[139] 従前は、海外不動産投資について、海外の不動産鑑定書が日本において有効とみなされないため、J-REITが海外の物件やそれを有する海外REITに投資することができなかった。
[140] 社団法人不動産証券化協会編、2008年「不動産証券化ハンドブック2008-2009」不動産証券化協会 211頁

◆「CORPORATIZATION（株式会社化、内部運用化）」

　今後、J-REIT市場を成長させるためには、M&Aだけでなく、既存の不動産市場をREITに転換させる仕組みが必要である。

　米国REITにおいては、「UP-REIT[141]」による既存の物件の取込みが盛んであるが、UP-REITは、スキームが複雑なうえ、REIT株主とオペレーティング・パートナーシップの現物出資者の双方から信任義務を負ったREITが利益相反を引き起こすため、業務効率性を含め慎重に検討すべきである。

　また、豪州REITが採用した「ステープルド・セキュリティー」は、投資家の権利保護の観点からトラスト法制の不備が懸念されることに加え、業務非効率が生じること、資産運用業務にも課税されてしまうこと等を考慮すべきである。

　最も実現性が高く効率的なのは、英国に倣い、リングフェンス・アプローチとエントリー・チャージの併用により、既存の不動産会社（公開株式会社）等が、J-REITへ転換するという方法であろう。

　わが国において、J-REITが新規組成されるだけでなく、既存の不動産会社がJ-REITへ転換したり、J-REITと合併する一方、一般事業会社が、不動産部門を会社分割させたうえでJ-REITへ転換したり、J-REITに吸収分割されたりすることなどができれば、J-REIT市場が活性化する。

　また、投資法人よりも株式会社のほうが、準拠法令・関連法令が整備され、判例の蓄積があるという点で優れている。

　さらに、投資家の権利保護の観点で株式会社に劣るトラスト規制と利益相反の温床となる外部運用制度が、豪州REITのM&Aを歪んだものにしていることからもわかるように、投資法人の株式会社化・内部運用化（資産運用会社との合併）を実現すれば、J-REITの再編のみならず、構造的不祥事[142]の防止や投資家の権利保護において進展があるであろう。ただし、J-REITが内部運用化したとしても、不祥事がなくなることはないので、金融商品としての品質確保の観点から引き続き証券取引等監視委員会の検査が期待される

---

[141] 前掲＊29
[142]「投資法人の投資主構成と資産運用会社の株主構成の違い」及び「投資一任取引」という外部運用制度の構造によって引き起こされた利益相反取引のこと。本稿6-6参照

し、内部運用制度のガバナンスまたは役員の義務を検討する場合には、外部運用制度では考慮する必要がなかったステークホルダーへの配慮が必要となろう。

　米国のある調査会社によると、米国REITのコーポレート・ガバナンスが、米国の全産業セクターの中で最高水準として評価されている事実からしても、株主に代わって社外の独立した取締役が多数を占める取締役会が執行役員に対する牽制機能・監督機能を有することが重要であるし、その究極的権能として執行役員の選解任や報酬決定の権限を委員会が有することが必要である。

　以上の検討結果から、J-REITが、規模の経済性と効率性を実現する再編や既存不動産市場との融合をさらに進めていくためには、以下の4つの施策が必要であると考える。

> ① 既存の投資法人を株式会社に転換して、再編スキームを多様化するとともに、REIT投資家の権利を株主と同等にする。
> ② リングフェンス・アプローチとエントリー・チャージを導入し、上場不動産会社等が、J-REITに転換できるようにする。
> ③ 運用業務の効率化と利益相反の解消を目指した内部運用化（外部運用と内部運用の選択制導入）を認める。
> ④ 現行の投資法人の優れた役員牽制制度を踏襲・発展させて、株式会社REITの条件として、会社法上の委員会設置を義務付ける。

　株式会社のM&Aルールについて、経済産業省の諮問機関である企業価値研究会[143]は、企業価値向上、グローバル・スタンダード、内外無差別、選択肢拡大という4つの基本原則を提示しており、上記検討はこれを満たしている。

　さらに、企業価値報告書は、防衛策のルールは硬直的であってはならないと述べたうえで、今後の課題として、EU企業買収指令において採用された二段階買収を規制するための全部買付義務の是非や、米国での二段階買収を抑制するために、各州法で導入されている事業結合規制等の取扱いをどう考え

---

[143] 企業価値研究会、前掲*1、5頁

るか、独立性の概念など防衛策を有効に監視するコーポレート・ガバナンスに関するさまざまな論点についてどう検討を深めていくか、防衛策が導入されることを前提としたTOBルールのあり方についてどう考えればよいかといった論点が存在すると指摘している[*144]。

　J-REITが株式会社化した場合、株式会社と同レベルで、企業価値、過剰防衛などが議論され、規制されるようになるであろう。

　それでは、最後に、本章で述べた「GLOBALIZATION（グローバル・スタンダード化）」、「CORPORATIZATION（株式会社化、内部運用化）」という2つのキーワードにも耐え得る、わが国初となるJ-REITの普遍的買収防衛策を次章において提言することにしたい。

[*144] 企業価値研究会、前掲 *1　100頁

第7章

望ましいJ-REITの M&Aルール

第7章　望ましいJ-REITのM&Aルール

7-1　J-REITの買収防衛策の提言

　米国では、REITのポイズンピルが過剰防衛になる傾向が指摘されており、英国においては、そもそも否定されている。しかし、両国とも、所有制限条項と超過株式条項については認めている。英米のREITで一般的に許容されている所有制限条項と超過株式条項を、J-REIT、すなわちわが国の投資法人に適用することができないのであろうか。

　例えば、わが国の放送業界において、国内文化保護の観点から、放送法第52条の8は、次のような外国人株主の比率制限をしている。

（外国人等の取得した株式の取扱い）
放送法第52条の8
　金融商品取引所（金融商品取引法（昭和23年法律第25号）第2条第16項に規定する金融商品取引所をいう。第52条の32第1項において同じ。）に上場されている株式又はこれに準ずるものとして総務省令で定める株式を発行している会社である一般放送事業者は、その株式を取得した電波法第5条第1項第1号から第3号までに掲げる者又は同条第4項第3号ロに掲げる者（以下この条において「外国人等」という。）からその氏名及び住所を株主名簿に記載し、又は記録することの請求を受けた場合において、その請求に応ずることにより次の各号に掲げる場合の区分に応じ、当該各号に定める事由（次項において「欠格事由」という。）に該当することとなるときは、その氏名及び住所を株主名簿に記載し、又は記録することを拒むことができる。
　一　人工衛星の無線局により放送を行う場合（次号に掲げる場合を除く）電波法第5条第4項第2号に定める事由
　二　受託放送事業者である場合　電波法第5条第1項第4号に定める事由
　三　前2号に掲げる場合以外の場合　電波法第5条第4項第2号又は第

3号に定める事由
2　前項の一般放送事業者は、社債等振替法第151条第1項又は第8項の規定による通知に係る株主のうち外国人等が有する株式のすべてについて社債等振替法第152条第1項の規定により株主名簿に記載し、又は記録することとした場合に欠格事由に該当することとなるときは、同項の規定にかかわらず、特定外国株式（欠格事由に該当することとならないように当該株式の一部に限って株主名簿に記載し、又は記録する方法として総務省令で定める方法に従い記載し、又は記録することができる株式以外の株式をいう。）については、同項の規定により株主名簿に記載し、又は記録することを拒むことができる。
3　前2項の規定により株主名簿に記載し、又は記録することを拒むことができる場合を除き、電波法第5条第4項第3号イに掲げる者により同号ロに掲げる者を通じて間接に占められる議決権の割合が増加することにより、株主名簿に記載され、又は記録されている同号ロに掲げる者が有する株式のすべてについて議決権を有することとした場合に株式会社である一般放送事業者（人工衛星の無線局により放送を行う一般放送事業者を除く。）が同号に定める事由に該当することとなるときは、特定外国株主（株主名簿に記載され、又は記録されている同号イ及びロに掲げる者が有する株式のうち同号に定める事由に該当することとならないように総務省令で定めるところにより議決権を有することとなる株式以外の株式を有する株主をいう。）は、当該株式についての議決権を有しない。
4　第1項の一般放送事業者は、総務省令で定めるところにより、外国人等がその議決権に占める割合を公告しなければならない。ただし、その割合が総務省令で定める割合に達しないときは、この限りでない。

そして、同法に基づき、日本テレビ放送網株式会社は、定款において、次のように定めている[145]。

> 第12条（外国人等の株主名簿への記載または記録の制限）
> 　当会社は、次の各号に掲げる者（以下、「外国人等」という。）から、その氏名または名称及び住所等を株主名簿に記載し、または記録することの請求を受けた場合において、その請求に応ずることにより、第1号から第3号までに掲げる者により直接に占められる議決権の割合とこれらの者により第4号に掲げる者を通じて間接に占められる議決権の割合として総務省令で定める割合とを合計した割合（以下、「外国人等議決権割合」という。）が、当会社の議決権の5分の1以上を占めることとなるときは、放送法の規定に従い、外国人等の氏名または名称及び住所等を株主名簿に記載し、または記録することを拒むことができる。
> 　一　日本の国籍を有しない人
> 　二　外国政府またはその代表者
> 　三　外国の法人または団体
> 　四　前各号に掲げる者により直接に占められる議決権の割合が総務省令で定める割合以上である法人または団体
> 2　前項の規定による場合を除き、前項第1号から第3号までに掲げる者により第4号に掲げる者を通じて間接に占められる議決権の割合が増加することにより、株主名簿に記載され、または記録されている前項第4号に掲げる者が有し、または有するものとみなされる株式のすべてについて議決権を有することとした場合に、外国人等議決権割合が当会社の議決権の5分の1以上を占めることとなるときは、放送法の規定に従い、その議決権を制限することができる。

したがって、このようなわが国の放送業界における所有制限の実績をJ-REITに置き換え、投信法または租特法に、放送法第52条の8と同様の規定を置き[146]、かつ、次のように、各J-REITが英米のREITのような所有制限条項及び超過株式条項を投資法人の規約（株式会社の定款に相当するもの）

---

[145] 日本テレビ放送網の株式情報　http://www.ntv.co.jp/ir/holder/stock_info.html

に定めることを提案したい。

> 第○条（特定投資主等の投資主名簿への記載または記録の制限）
> 　当投資法人は、投資口を大量に所有する者（以下、「特定投資主等」という。）から、その氏名または名称及び住所等を投資主名簿に記載し、または記録することの請求を受けた場合において、その請求に応ずることにより、特定投資主等により直接または間接に占められる議決権の割合を合計した割合（以下、「特定投資主等議決権割合」という。）が、租特法第67条の15第1項第2号ニ及び法人税法第2条第10号に定める同族会社と判定される場合には、特定投資主等の氏名または名称及び住所等を投資主名簿に記載し、または記録することを拒むことができ、その議決権を制限することができる。
> 2　前項にかかげる制限は、発行済みのすべての投資口の現金取得を目的とした公正価格による公開買付または投資法人の役員会が承認した場合においては、これを適用しない。

　このような所有制限は法に規定されることによって、譲渡制限を禁止する証券取引所規則の例外として正当化される。

　さらに、買付け等が行われる前の平時において、投資主総会の決議を受けて、前記のような所有制限条項及び超過株式条項を定めておけば、英米の判例や法解釈からみても、違和感のないものになる。特に、第2項において、「発行済みのすべての投資口の取得を目的とした公正価格による現金公開買付」を制限から除外するという考え方は、米国の判例はないが、英国のM&A法制の原則を取り入れたものであり、公正価格をもって全株を現金取得する場合には、もはや導管性について、議論する余地はなく、これをも抑制することは過剰防衛とみなされるからである[*147]。

[*146] 本規定は、憲法が保障する買収者の財産権を制限するものであるが、導管性喪失により投資法人の価値及び投資主全体の利益を「明らかに」毀損する公開買付または買占めを阻止するために必要な措置を法制度化するものであるから、放送法上の公共利益と同様に、当然、受忍されるものと考える。海外の制定法によるREIT買収防衛規定として、ドイツ不動産投資信託法（Gesetz über deutsche Immobilien-Aktiengesellschaften mit börsennotierten Anteilen）第16条第2項に基づく10％超過部分の議決権行使制限があげられる。しかし、同項は、超過部分の配当受領権を否定するにまで至っておらず、所有制限としては不十分である。

[*147] 併せて、投信法に会社法784条1項を準用するスクイズアウトの規定を追加すべきである。

前記の提案においては、租特法第67条の15第1項第2号及び法人税法第2条第10号の改正に応じて、所有制限のハードルが変動するようにした。なぜなら、米国でも所有制限条項による過剰防衛が問題になったからである。さらに、このような公平に扱われるべき投資主を差別的に取り扱うための相当な理由は、「導管性の維持」であれば、投資主共同の利益を確保する目的として認められるのではないだろうか。

本提案は、実務上の懸念があるかもしれないが、投資主名簿管理人（信託銀行など）が、放送会社の株主名簿管理と同じシステムを用いていることからして、実務上運用可能なものである。もちろん、J-REITの株式会社化にも対応し得るものである。

しかしながら、税法上の同族会社判定は、実質所有状況により判定されるため、他人名義で投資口を保有された場合には、上記制限にかかわらず導管性が脅かされることになる。

7-2　J-REITのディール・プロテクション基準の提言

わが国の株式会社に関する判例では、善管注意義務に違反した契約締結を取締役会が決議した場合、その決議は瑕疵があることになる[148]。また、その取引の相手方（買収者）が、瑕疵の事実を知っていた場合には、当該契約の無効を主張できるとしている。

したがって、対象会社の取締役は、M＆A契約後の対抗公開買付によって善管注意義務違反に陥らないよう、対抗提案が優れている場合などにはM＆A契約を解約できるフィデュシャリーアウト条項[149]を設定すべきであるし、買収者側は、ノーショップ条項とマッチング・ライト条項の組合せやターミネーション・フィーを設定するよう努力すべきである。また、買収者の要請によりターミネーション・フィーが不当に高額に設定された場合、対象会社の取締役は、それを見落とした過失あるいはそれを知りながら契約した重

---

[148] 最判昭44.12.2、民集23巻12号2396頁

[149] 英米法的な信託法の論理では、受託者は受益者に対して、直接、善管注意義務及び忠実義務を負うことになるが、債権者をかかえる会社型信託の場合には、大陸法的な会社法の論理が採用され、役員は投資主ではなく投資法人に対して善管注意義務及び忠実義務を負う。したがって、ここでいうフィデュシャリーアウトとは、英米法的なものでなく、投資法人の価値及び投資主全体の利益から判断して解約することである。

過失の責任が問われる可能性がある。しかしながら、米国と英国・豪州におけるターミネーション・フィーの相場に開きがあり、わが国においても相場が形成されているわけではないので、不当に高額であるかどうかの実際の判断は難しいといえる。

そして、以上のような株式会社の取締役の善管注意義務は、投信法第115条の6に基づき投資法人の執行役員の善管注意義務として準用される。つまり、M&A契約後の対抗TOBに対処するディール・プロテクションとして、対象REITは、フィデュシャリーアウト条項を設定すべきであるし、買収者側REITは、ノーショップ条項とマッチング・ライト条項の組合せやターミネーション・フィーを設定するよう努力すべきである。

さらに、J-REIT特有の問題として、ターミネーション・フィーの支払額が1年分以上の利益を失うほど多額の場合には、取引所の上場廃止基準の無配基準に抵触する。しかし、このような異常な場合を除き、かかる状況が1年以内に解消されるよう配慮されるはずなので、上場廃止になることはない。

ところで、上記のようなディール・プロテクションの事例として、2009年10月29日付で公表[*150]された日本リテールファンド投資法人（以下「JRF」という）によるラサールジャパン投資法人（以下「LJR」という）の吸収合併があり、その基本合意書において、次のような取決めがなされている。

> (6) 独占交渉等に関する定め
> 　JRF及びLJRは、本基本合意書の有効期間中は、原則として、自らを当事者とする合併等の取引について相手方とのみ独占的に交渉します。ただし、JRF及びLJRは、自ら勧誘を行うことなく第三者から一定の優越的提案がなされた場合には、本基本合意書に定める手続きに従い、本基本合意書を解除することができます。なお、この場合、JRFまたはLJRは相手方に対して10億円を支払うものとされております。

まず、基本合意書においては、いわゆるノーショップ条項とフィデュシャリーアウト条項があるが、マッチング・ライト条項がない点に特色がある。

次に、合併比率算定の基準日となった2009年10月28日のJRFの投資口価格

[*150] 前掲[*127]

は、413,000円であり、発行済投資口数は386,502株である。したがって、同法人の時価総額は159,625,326千円であり、合併比率0.295を乗じると、消滅法人であるLJRの取得額は47,089,471千円（A）となる。よって、基本合意書におけるターミネーション・フィー10億円（B）は、取得額の2.12％（＝B／A）ということになり、米国基準では妥当で、英国・豪州基準では過大ということになる。極端に高いターミネーション・フィーの設定は、第三者による対抗提案の妨げになり、過剰防衛とみなし得る。

さらに、ターミネーション・フィーの受渡しがなされた場合の、各投資法人の上場廃止リスクと配当減少リスクについて検討した場合、次のようになる。

> ① JRFが支払った場合、2010年2月期予想純利益が42億円（＝52億円＊[151]－10億円）に減少し、投資主が受領する配当金が約20％減少する。
> ② JRFが受け取った場合、問題は生じない。
> ③ LJRが支払った場合には、2010年4月期予想純利益が4億円（＝6億円＊[152]－10億円）の赤字に転落するので、無配となる。
> ④ LJRが受け取った場合、問題は生じない。

このように、一般の株式会社と比べた場合、減益が減配に直結する点で、REITには特殊性があるといえる。特に、消滅法人であるLJRの投資主からすると、たとえ第三者から優越的な対抗提案がなされていたとしても、本合併に賛成票を投じなければ、合併が破棄されて無配に転落するため、賛成票を投じざるを得ないという点で強圧的である。かかる強圧性を排除するためには、やはり、米英で認められているマッチング・ライト条項の設定が不可欠と考える。

最後に、パネルやシティーコードが存在しないわが国の現状においては、一般の株式会社の買収防衛策と同様、本稿で述べたようなJ-REITの適切な買収防衛策（所有制限条項と超過株式条項）やディール・プロテクション（ノーショップ、フィデュシャリーアウト、マッチング・ライト、ターミネーショ

＊[151] 2009年10月14日付JRF公表業績予想値
＊[152] 2009年9月25日付LJR公表業績予想値

ン・フィー）のあり方を定めた行政主導の実務指針が必要であり、今後、その策定がなされることを期待したい。

　特に、ターミネーション・フィーが高額な場合、第三者による対抗提案の委縮、投資家が受領する配当金の極端な減少につながるため、例えば、英国シティーコード21.2のように、名目のいかんにかかわらず、合併契約等の解約に伴う金銭等の支払いを合意した場合には、その総額が合併等の取引額の１％を超えてはならない旨を指針に明記すべきと考える。もちろん、かかる指針は強制力が弱いかもしれないが、基準を上回るターミネーション・フィーが支払われた場合には、（極めて困難であるが）その合理性が説明できない限り、執行役員は投信法上の善管注意義務違反に問われることになるだろうし、寄付金認定によって、過大部分へ法人税が課されることになろう。

　今後、本稿が、J-REIT市場改革の参考とされ、その健全な発展に寄与できれば幸いである。

用語索引

【アルファベット順】

ASIC ································ 94

CORPORATIZATION ······· 128

Five/Fifty Rule ············ 32, 47

GLOBALIZATION ············ 127

ID ································ 36

J-REIT ····················· 100, 132

LPT ······························ 94

NAREIT ························ 36

NASAA ························ 74

RIDEA法 ······················· 59

SEC ····························· 34

SIIC ····························· 88

TIDE条項 ······················ 73

TOBルール ·················· 130

UKLA ··························· 78

UK-REIT ······················· 76

UP-REIT ················· 37, 128

【50音順】

あ行

委任状勧誘規制 ················ 110

インディペンデント・コントラクター（米国） ································ 36

英国上場管理機構（UKLA） ···· 78

エントリー・チャージ制（英国） ··· 77

黄金株 ···························· 11

オペレーティング・ユニットホルダー（米国） ································ 72

か行

会社法（豪州） ················· 94

課税REIT（米国） ············· 32

課税REIT子会社（米国） ····· 32

過大報酬 ························ 66

株式会社化 ···················· 128

株式引受権（英国，豪州） ··· 82, 96

完全な公正基準（米国） ····· 41, 68

企業価値基準 ···················· 9

企業価値研究会 ············ 8, 129

企業価値報告書 ················· 8

企業結合法（米国） ············ 56

用語索引

北アメリカ証券管理者協会（NASAA）
　　……………………………………74
吸収合併……………………………105
強圧的二段階買収……………………68
金融商品取引法（金商法）………101
クラスアクション（米国）…………69
グリーンメール………………………10
グローバル・スタンダード化……127
経営判断の原則（米国）………41，68
公開買付…………………………80，109
公開買付法（フランス）……………89
豪州証券投資委員会（ASIC）………94
公正価格法（米国）…………………69
ゴールデン・パラシュート
　　………………………66，85，89，112
コンバインド・コード（英国）……84

さ行

最高価格ルール………………………66
財政法（英国）………………………76
サイド・ペイメント……………66，81
事業結合規制法（米国）……………70
資産運用会社………………………112
シティーコード（英国）……………79
支配株式法（米国）…………………56
支配権プレミアムの分配…………121

証券取引委員会（米国）……………34
証券取引所規則（豪州）……………96
商法典（フランス）…………………89
所得税法（豪州）……………………94
所有制限条項…………………………47
新設合併……………………………105
信任義務修正法（米国）……………71
スキーム（英国）……………………80
スクイズアウト………………67，109
スタッガード・ボード（任期差制取締役
　　会）（米国）………………………73
ステークホルダー……………………80
ステープルド・セキュリティー（豪州）
　　………………………………95，128
ストックオプション…………………84
制限株式………………………………72
全株主ルール（米国）………………66
全部買付（英国，豪州）………80，96
全米REIT協会（NAREIT）…………36
租税特別措置法（租特法）………101
ソフトステープリング（豪州）……96

た行

ターミネーション・フィー
　　…………………59，80，90，106，136
第三者割当増資……………………108，120

〔141〕

チャリタブルトラスト（米国）………48
中立義務（英国，豪州）………82，96
超過株式条項………………………47
通貨金融法典（フランス）………89
ディール・プロテクション……57，136
テイクオーバー……………………81
ティンパラシュート法（米国）………71
適格REIT子会社（米国）……………34
敵対的買収…………………………122
出口税（フランス）…………77，88
導管性………………35，50，97，102
東京証券取引所有価証券上場規程……104
投資信託及び投資法人に関する法律（投信法）……………………100
投資主総会…………………………110
同族会社基準
　…………47，82，90，94，108，124
独立取締役評価条項（米国）…………73
トラスト……………………………33

な行

内国歳入法（米国）………………32
内部運用化…………………………128
二段階買収……………………8，68
ニッポン放送事件…………………13
ニューヨーク証券取引所規則………34

ノーショップ条項…………………136

は行

ハードステープリング（豪州）………95
売却益返還法（米国）………………70
パススルー方式（課税免除方式）……76
パッシブ運用（インディクス運用）…39
パネル（英国，豪州）………79，96
反グリーンメール法（米国）………70
非公開オークション………………60
非REIT………………………32，83
ファイブ・オーバー・フィフティー・ルール（米国）……………32，47
フィデュシャリーアウト（条項）
　………………………………106，136
不動産私募ファンド………………100
不動産投資信託証券上場基準………103
不動産投資信託証券上場廃止基準……104
ブラシウス基準（米国）……………43
フリップイン型ポイズンピル………46
フリップオーバー型ポイズンピル……46
ブルドックソース事件……………13
ブレークスルー条項………………79
ブレーク・フィー…………………80
ペイスルー方式（支払配当金損金算入方式）…………………………76

ポイズンピル

………9, 25, 45, 53, 56, 90, 97

ホワイトナイト……………………82, 108

ま行

マーケット・チェック………………63

マサチューセッツトラスト……………35

マッチング・ライト条項

………………………58, 80, 106, 136

みなし賛成………………………105, 111

や行

友好的買収………………………………114

ユノカル基準（米国）……………10, 41

予算法（フランス）………………………88

ら行

ライツプラン……………14, 45, 56, 63

リングフェンス・アプローチ（英国）76

リングフェンス外所得（英国）………76

リングフェンス内所得（英国）………76

レギュレーションＤ（米国）…………15

レブロン基準（米国）……………8, 58

労働契約法（英国）………………………71

ロックアップオプション………58, 117

ロンドン証券取引所上場規則…………77

◆参考文献・資料

第1章
1．企業価値研究会、2005年「企業価値報告書～公正な企業社会ルール形成に向けた提案」

第2章
2．Ambrose, B. W., 2000, "Economies of Scale: The Case of REITs" Real Estate Research Institute
3．Bergsman, S., 2004, "The Business of REITs" NAREIT
　　http://www.nareit.com/portfoliomag/04special/p50.shtml
4．Einhorn, D. M., A. O. Emmerich, R. Panovka, W. Savitt & D. B. Silva, 2006, "Hostile Takeovers of REITs" The Wharton Real Estate Rev.
5．Einhorn, D. M., A. O. Emmerich & R. Panovka, 2006, "REITs: Mergers and Acquisitions" Law Jour. Press
6．Garrigan, R. T. & J. F.C. Parsons, 1997, "Real Estate Investment Trusts: Structure, Analysis, and Strategy" Mcgraw-Hill
7．Keenan, C., 2007, "Pillars of Good Governance" NAREIT
　　http://www.nareit.com/portfoliomag/07julaug/feat5.shtml
8．Kriz, J. J., 2006, "REIT Governance: Improved, With More to Do" NAREIT
　　http://www.nareit.com/portfoliomag/06julaug/in_closing.shtml
9．Lawrance, D. S., 2002, "An Examination of Agency Costs: The Case of REITs"
10．Springer, T. M., 2006, "Real Estate Property Portfolio Risk: Evidence from REIT Portfolios" Real Estate Research Institute
11．Jacobs, J. B., 2006年「買収防衛策に関するデラウェア州の経験に学ぶ」商事法務1774号78-95頁
12．Lipton, M., 2002年「ポイズンピル、投票、そして教授達─再論」商事法務

1641号70-80頁、1643号26-38頁、1644号23-32頁
13. 家田崇、2003年「新株予約権を敵対的防衛策として発行することの可否」名商大総合経営・経営情報学論集47巻2号29-49頁
14. 岩倉正和、大井悠紀、2005年「M&A取引契約における被買収会社の株主の利益保護」商事法務1743号32-41頁、1745号27-38頁、1747号30-41頁、1748号37-44頁
15. 梅津昭彦、2002年「合併契約におけるno-talk条項の有効性」商事法務1627号54-57頁
16. 太田洋、今井栄次郎、2005年「米国各州における企業買収規制法の最新状況」商事法務1722号35-42頁、1723号38-46頁
17. 釜田薫子、2002年「支配株主が存在する場合の合併における取締役の義務」商事法務1640号47-50頁
18. 楠本純一郎、2006年「取締役会の過半数が利害関係を有する合併と特別委員会の役割」商事法務1783号44-47頁
19. 黒沼悦郎、2001年「アメリカにおける株主総会に関する規制」商事法務1584号12-14頁
20. 小松卓也、2005年「支配・従属会社間合併に際しての少数株主の賛成決議の意義」商事法務1740号54-57頁
21. 志谷匡、2004年「公開買付けにおけるBest Price Ruleの解釈」商事法務1686号45-47頁
22. 高橋聖、2006年「M&A取引における取引保護措置と取締役の善管注意義務」商事法務1773号46-58頁
23. 田村詩子、2005年「取締役会による敵対的買収防衛策と株主保護」商事法務1743号56-61頁
24. 西本強、2007年「フリーズアウトに関するデラウェア州法上の問題点」商事法務1793号20-25頁、1794号44-52頁、1796号40-47頁

第3章

25. "Listing a UK-REIT on the London Stock Exchange" London Stock Exchange plc
    http://www.londonstockexchange.com/NR/rdonlyres/99E53671-D730-4257-B1B0-4584EEED0029/0/ListingaUKREIT180507.pdf#search='listing a ukreit'
26. "UK REAL ESTATE INVESTMENT TRUSTS 2007" the Property Industry Alliance
    http://www.bpf.org.uk/pdf/21013/Property Industry Alliance REITs report.pdf
27. 河村賢治、2006年「イギリス上場規則・開示規則の研究」イギリス資本市場研究会「イギリスの金融規制」日本証券経済研究
28. 北村雅史、2008年「イギリスの企業結合形成過程に関する規制」商事法務1832号12-18頁
29. 乗越秀夫、2007年「英国における公開買付けルール」国際商事法務vol.35、No.4.510-513頁、vol.35、No.5.684-687頁
30. 早川勝、2005年「株式公開買付に関するEU第13指令における企業買収対抗措置について」同志社大WWBレビュー7巻1号
31. 平野正弥、2006年「日本企業による英国でのTOBについて」国際商事法務vol.34、No.12.1615-1618頁

第4章

32. "Chronologie des SIIC" la Fédération des Sociétés Immobilières et Foncières
    http://www.fsif.fr/SITE%202%20FSIF/questions.html#obj29
33. "Le Bilan des SIIC（communiqué de presse）" La Fédération des Sociétés Immobilières et Foncières
    http://www.fsif.fr/SITE%202%20FSIF/questions.html#obj19
34. Cafritz, E., 2004, "Poison Pill May Weaken French Targets" International Financial Law Review Fried Frank MAY 26, 2004

http://www.ffhsj.com/index.cfm?pageID=81&itemID=1822

35. Mesmin, O. & Christine D., 2004, "Sociétés d'Investissements Immobiliers Cotées (SIIC)" Baker & McKenzie Paris
http://www.bakernet.com/NR/rdonlyres/A9F892C0-9602-4860-8392-604884D308BB/34726/SIICnotetechniquefr.pdf

36. 泉田栄一、2007年「フランスにおける公開買付指令の実施」国際商事法務vol.35、No.12.719-726頁

37. 広岡裕児、2003年「SIICについて」ARES 5号23-27頁、6号23-26頁、不動産証券化協会

38. 松尾健一、2008年「フランスの企業結合形成過程に関する規制」商事法務1832号26-31頁

第5章

39. Cameron P., A. Knox, J. Webster, S. Cole & S. Clifford, 2001, "Break fees and otherlock-up devices" Allens Arthur Robinson

40. Parshall, M., 2008, "LPTs in 2005 - A long journey from 1991" Real Estate Insights, Clayton Utz (16 August 2005)
http://www.claytonutz.com/areas_of_law/controller.asp?aolstring=0&na=949

41. 'Centro's poison pill hard to swallow' THE AUSTRALIAN (June 24, 2005)
http://www.theaustralian.news.com.au/story/0,20867,15710467-16941,00.html

42. 住信基礎研究所編、2002年「オーストラリアのプロパティ・トラスト」近代セールス社

第6章

43. Hillion, P., 2004年「競争戦略論からみた資産運用会社の経営」「資産運用会社の経営戦略」日本証券アナリスト協会
44. 浅原大介、2007年「J-REITの事業効率格差に関する考察」ニッセイ基礎研究所
45. 井上治、東山敏丈、2007年「金商法、改正投信法等の施行における投資法人（J-REIT）の買収に関する法的留意点」RMJ103号、104号
46. 岩佐浩人、2007年「J-REITの資産運用報酬を考える」ニッセイ基礎研究所
47. 岩佐紳作、上村達男、神田秀樹、道垣内弘人、1999年「集団的投資スキームに関するワーキンググループレポート」
48. 内山裕敬、田中正行、2008年「JLL傘下の不動産投資運用会社が既存J-REITの運用会社を買収」RMJ 105号
49. 岡崎剛、2002年「海外の不動産投資信託」住信基礎研究所編「不動産ファンドの分析と評価」東洋経済新報社
50. 片岡良平、2007年「J-REITの買収スキームにおける法的問題点」不動産証券化ジャーナル2007年7-8月号、9-10月号、日本不動産証券化協会
51. 社団法人不動産証券化協会編、2008年「不動産証券化ハンドブック2008-2009」不動産証券化協会
52. 社団法人不動産証券化協会編、2005年「不動産投資法人（J-REIT）設立と上場の手引き」不動産証券化協会
53. 高橋壮介、2008年「不動産投資法人（REIT）のM&A」金融法務事情1828号
54. 田中俊平、2006年「J-REITのM&Aについての法的問題点」RMJ87号39頁

【著者紹介】

石田 尚己（いしだ なおき）

　1968年生まれ。92年神戸大学経営学部卒業後、日本経済新聞社入社。97年ソフトバンクに入社し、JスカイBとパーフェクTVとの合併や米IT企業との合弁事業立ち上げを担当。2002年外食ベンチャーのCFOとして株式公開を実務経験後、新興市場上場会社の営業担当役員や代表取締役社長として数百人規模の従業員を統括。07年営業利益数百億円規模の東証1部不動産会社の総務部長に就任。不動産証券化協会市場動向委員。10年一橋大学大学院国際企業戦略研究科修士課程修了（専門はM&A法制）。現在、ジークフリート・パートナーズ代表取締役として、関西の有力大学とのモバイルシステム開発やバイオテクノロジーの商品化を手がけている。

不動産会社とREITのM&A
～国際比較とJ-REIT版M&Aルールの提言～

2010年7月29日　初版発行

著　者　石　田　尚　己
発行者　中　野　博　義
発行所　㈱住宅新報社

編　集　部　〒105-0003　東京都港区西新橋1-4-9（TAMビル）
（本　　社）　　　　　　　電話（03）3504-0361
出版販売部　〒105-0003　東京都港区西新橋1-4-9（TAMビル）
　　　　　　　　　　　　電話（03）3502-4151
　　　　　　　　　　　　http://www.jutaku-s.com/

大阪支社　〒530-0005　大阪市北区中之島3-2-4（大阪朝日ビル）　電話（06）6202-8541㈹

＊印刷・製本／大村印刷

Printed in Japan

＊落丁本・乱丁本はお取り替えいたします。

ISBN978-4-7892-3274-6　C2030